國立臺灣師範大學 專刊（44）

歷 史 學 系

救嬰與濟貧
乳婦與明清時代的育嬰堂

江昱緯　著

本書承蒙
郭廷以先生獎學金補助出版
特此致謝

▋ 出版緣起

　　本系出版「國立臺灣師範大學歷史研究所專刊」，迄今已有三十七種。一九七七年二月，張朋園教授接掌所務，為鼓勵研究生撰寫優良史學論文，特擬訂學位論文出版計畫。當時，小將本系碩士論文榮獲「嘉新水泥文化基金會」、「中國學術著作獎助委員會」等機構獎助出版者列入，即「專刊」第（1）、第（3）、第（5）等三種。迨「郭廷以先生獎學金」成立，由獎學金監督委員會研議辦法，作為補助出版學位論文之用，「專刊」遂得持續出版。

　　郭廷以先生，字量宇，一九〇四年生，一九二六年畢業於東南大學文理科歷史系，曾在國內、外知名大學講學；自一九四九年起，至本系執教。一九五五年至一九七一年，擔任中央研究院近代史研究所籌備處主任及所長，並於一九五九年至一九六二年，兼任本校文學院院長。一九六八年，當選中央研究院院士，是深具國際學術影響力的學者。

　　一九七五年九月，先生在美病逝。李國祁教授感念先生的學術貢獻，邀集本校史地系系友籌組基金，在本系設置「郭廷

以先生獎學金」，於一九七七年十月開始頒授獎學金。獎學金設監督委員會，由中央研究院近代史研究所研究員和本系教師共同組成，每年遴選優秀學位論文，補助印製「專刊」經費。三十多年來，本系研究生無不以獲得「郭廷以先生獎學金」獎勵，並以「專刊」名義出版畢業論文，為最高榮譽。

「專刊」向由本系刊行，寄贈國內、外學術機構和圖書館，頗受學界肯定，惟印刷數量有限，坊間不易得見，殊為可惜。經本屆獎學金監督委員會議決，商請秀威資訊科技公司印製發行，以廣流傳，期能為促進學術交流略盡棉薄之力。

今年，適值郭廷以先生逝世四十周年，「專刊」以新的型態再出發，可謂別具意義。謹識緣起，以資紀念。

國立臺灣師範大學歷史學系
二○一五年九月

▍序

　　早在1980年代初，日本學者夫馬進即開始投入中國善會善堂的研究，陸續發表明末「同善會」的創立、清代前期的育嬰事業、清末的保嬰會等相關論文，1997年總結其研究成果出版的專書《中國善會善堂史研究》，更系統地探究明末到民初慈善組織的變遷，分析育嬰堂、保嬰會、清節堂的組織架構及運作方式，並以杭州、上海的善堂為例，討論都市行政、地方自治與近代化等問題。與夫馬氏大約同時，梁其姿自1984年發表〈十七、十八世紀長江下游的育嬰堂〉後，亦持續關注各種善會善堂的課題，並於1997年集結多年相關研究成果出版《施善與教化：明清的慈善組織》，透過明末至晚清江南地區的育嬰堂、清節堂、恤嫠會、惜字會、掩骼會等慈善組織，探討社會經濟變遷與善堂善會的行善動機、主要功能及價值觀的變化。兩部專著迄今仍是學界公認善堂善會史最具開創性與代表性的研究。

　　本書係由作者江昱緯2019年碩士學位論文修訂而成。作者在先行研究的啟發下，聚焦於釐清明清育嬰堂乳婦的來源、待遇、管理及內部分工，分析育嬰堂經營與運作的地區差異與時代變

遷，並由士人相關記述析論明清乳婦的社會評價。在明清慈善組織中，育嬰堂是創立最早、分布最廣的善堂。育嬰堂的前身是南宋的慈幼局，據宋人吳自牧《夢粱錄》載：「局側有局名慈幼，官給錢典雇乳婦，養在局中。如陋巷貧窮之家，或男女幼而失母，或無力撫養，拋棄於街坊，官收歸局養之。」當時局中已有受僱哺育棄嬰的「乳婦」。不同於一般官宦富室雇用的乳母，明清育嬰堂的乳婦有住堂與堂外之別，且因其為善堂女性堂役之一員，涉及育嬰堂的運作、貧窮家庭婦人的生計，乃至社會解決棄嬰溺嬰問題的成效，因此，探討育嬰堂組織中擔任哺育者角色的乳婦，對明清社會史、性別史與醫療史的研究都是值得重視的課題。茲就思見所及，補綴一二如下：

其一、本書題名中的「救嬰與濟貧」，凸顯乳婦一方面是落實育嬰堂善舉的關鍵人物，另一方面也是育嬰堂施濟的貧者，不僅別具乳婦身兼施／受二者之深意，也反映出育嬰堂乳婦兼涉公／私空間的特殊角色，對進一步探討徵自民間、供役於宮廷及官府、具特定專業才能的婦女，頗有啟發意義。以應役於宮廷的奶婆為例，據《明內廷規制攷》載，「皇城東安門外稍北有禮儀房，乃選養奶口以候內廷宣召之所。」「故事，民間婦無得入禁中者，即諸宮女已承恩賜名稱，其母非得旨亦不入。惟三婆則時有之。」文中合稱「三婆」的奶婆、醫婆、穩婆，都是選自民間的女性官役，奶婆即宛平、大興二縣與各衙門選送禮儀房的「坐季奶口」，醫婆為各衙門選送司禮監會選入宮的精通方

脈者，穩婆為民間收生婆中御選籍名在官者。其中穩婆的工作之一是揀選奶口，根據候選者「乳汁厚薄、隱疾有無」評等第、定去取，此外如年齡、相貌、健康狀況各方面的要求，與本書育嬰堂堂規所訂乳婦「淳良年壯」、「壯實穩重」、「情性和悅」、「乳漿濃足」等身心條件幾無二致，就此而言，在宮廷「奶婆」與善堂「乳婦」的撿選上，彷彿不存在天皇貴冑與凡民棄嬰的階級之分。

其二、本書作者從詔令、奏議、方志、文集、醫書等大量文獻中披沙揀金，不論是蒐羅不同時期、不同地區的堂規，或是追索住堂乳婦哺育照護工作的身影，處處可見其不厭繁難、務實治學之用心。尤其難能可貴的是，本書末章透過士人相關記述勾勒乳婦的形象，析論明清乳婦的社會評價，透過內／外、公／私與性別秩序的交涉，不僅注意到育嬰堂乳婦與串街走巷的「三姑六婆」社會形象之差異，而且比較觀察了乳婦與同時代西方的奶媽評價。作者指出，十八世紀的歐洲對奶媽的品行與身心狀況也都有相當要求，與傳統中國撿選乳母的條件頗有相似之處，但歐洲人對乳母的批評充滿對社會下層婦女的偏見，認為嬰兒吸吮奶媽乳汁會染上低下階層的疾病與品行，將階級與健康、品德緊密連結；傳統中國雖然強調「氣血」化成乳汁，情性善惡又為血氣所生，認為乳母的善惡也會影響哺育之子的性行，如宋人司馬光（1019-1086）《居家雜儀》稱：「凡子始生，若為之求乳母，必擇良家婦人稍溫謹者。」「乳母不良，非惟敗亂家法，兼令所

飼之子性行亦類之。」但未如前述歐洲人以階級高低＝品行好壞形塑奶媽的惡評。凡此，俱見本書不僅對明清善堂研究有補缺增益之助，對存在於官私部門的乳母的性別史研究也不無創發拓展之功。

本書榮獲郭廷以先生獎學金出版獎助，欣聞即將付梓，特為推介本書要旨及其貢獻，並請學者專家惠予指正。

林麗月

誌於臺灣師範大學歷史學系

二〇二一年十一月

目 contents 次

圖次

表次

▍緒論

第一節　研究動機

　　在現存史料中，明清士人鮮少記敘育嬰堂的運作情形。清康熙年間的蘇州，唐甄（1630-1704）的僕人將女兒送入育嬰堂，引起他對蘇州育嬰堂的注意，是一則難得的材料，以下就從唐甄的故事談起：

> 蘇州有育嬰之堂，以收棄子。凡窮民之不得有其子者，則送之堂中，願育者懷之而去，衣褓醫藥，無不備焉。月給乳婦之食三百錢，乳婦之記籍者三百餘人，歲費千餘金，皆士大夫助之。此一鄉之善事也。
>
> 唐子貧，歲豐而家人恆飢。妻寄食於女家。僕原，有一男一女，以其婦佣乳於外，鬻其男於遠方。女生一月，送之育嬰堂。唐子不忍，常使視之。其所養之家，子死，願以為己子，故育之專而無疾也。
>
> 諸乳婦多不良，第貪三百錢。得堂中之衣褓，皆用於己

子；所養之子，置之不顧，故多病死。其籍記中，病者
十二三，死者十一二矣。堂中雖有察嬰之規，使從事者
視之，不過月一至焉，豈能相與寢處，故病死者多也。
自有此堂以來，所活者多矣，然念所不得全者，恆為戚
戚焉。[1]

　　唐甄一生常為生計所困，到了晚年，經濟狀況更加惡劣。據親友
所述，其居所「蕭然四壁」，衣著則「敗絮藍縷」，三餐不繼只
得採集枸杞葉裹腹。[2]長年窮困致使妻子只得寄居他處，對於僕
人原的家庭困境也無能為力。原夫妻生有一對子女，迫於貧窮無
力生養，將男嬰賣人為子，再將女嬰送入蘇州育嬰堂，妻子則出
外傭乳，增加收入。唐甄不捨原之女，尚未離開襁褓，便與家人
分離，常讓原關心幼女情況。細究〈恤孤〉內文，唐甄表達對妻
子、僕人的愧疚，道出貧窮家庭迫於現實的無奈外，更透露出初
創時期蘇州育嬰堂的運作狀況，以及乳婦的重要訊息。
　　進一步考察乾隆《蘇州府志》得知，康熙十五年（1676）
時，蔣德埈（順治十八年進士）、許定升（順治十五年副榜）等

---

[1]　〔清〕唐甄，吳澤民編校，《潛書》（北京：中華書局，2011），下篇上，〈恤
　　孤〉，頁148。
[2]　關於唐甄的生平，詳見〔清〕楊賓，〈唐鑄萬傳〉，收入〔清〕唐甄，吳澤民
　　編校，《潛書》，頁224-225；〔清〕王聞遠，〈西蜀唐圃亭先生行略一十五
　　則〉，收入〔清〕唐甄，吳澤民編校，《潛書》，頁225-229。近人研究參見，
　　熊秉真，〈從唐甄看個人經驗對經世思想衍生之影響〉，《中央研究院近代史研
　　究所集刊》，14（臺北，1985），頁1-28。

地方士紳共同捐資創設蘇州育嬰堂。隨著捐助者增加亦漸具規模，從唐甄「乳婦之記籍者三百餘人」一語，也可推測堂嬰的收養數量似乎不少。關於具體的運作方式，據張遇恩的記載，每月十五日，「同志畢集，先期傳集城內、外乳婦，各抱嬰以至，計嬰授乳，計乳授資」，乳婦似未居於堂內統一管理。乾隆四年（1739），蘇州育嬰堂移建新址。時任江蘇巡撫的張渠（？-1740）亦指出，舊址「地勢偪仄，宇舍可栖息者，不滿三十楹，嬰兒率付各乳母攜歸哺養」。從這兩段記載得知，初創時的蘇州育嬰堂以堂外收養為多。至於三百多名乳婦中，住堂乳婦的數量則不得而知。遷移新址後，蘇州育嬰堂設有房屋一百四十間，足供乳母、堂嬰居住，遂以堂內收養為主。這個過程反映出經營者認為堂內育養是較理想的運作方式，能使「乳哺有常所，出入有稽查，身安而志定，事一而心專」，避免弊端叢生，堂嬰夭殤。[3]值得注意的是，無論是〈恤孤〉或《蘇州府志》，都注意到乳婦在育嬰堂的工作情形及其照護成效的問題，顯示乳婦的重要性。

　　若要討論育嬰堂的乳婦，我們該選擇什麼視角切入？本研究所謂「救嬰與濟貧」，有幾層含義：第一為明清時代育嬰堂的創設理念與目的，即收養父母不詳的棄子或貧窮家庭的初生幼兒。

---

[3]　〔清〕雅爾哈善等修，習寯等纂，《（乾隆）蘇州府志》（乾隆十二年刊本，臺北：國立臺灣師範大學藏），卷15，〈公署三〉、〈張遇恩記〉、〈張渠·移建育嬰堂記〉，頁27a-29a。

此時，堂嬰及其家庭是被救濟者，創設與經營者則是施予的一方。第二是體現乳婦的工作與處境。一方面，乳婦的職責在哺育堂嬰，在救嬰上扮演重要角色，是落實育嬰堂理念的關鍵人物。另一方面，乳婦多來自貧窮家庭、生產不久的女性，她們也被視為育嬰堂救濟的對象。因此，本研究所指「救嬰與濟貧」更強調乳婦身兼施、受救濟者的雙重角色，卻又是受雇於育嬰堂的人員之一，且多有嗷嗷待哺的親生幼兒。

本研究將以上述的題旨為核心展開一系列的討論：就明清育嬰堂的發展來看，明末的育嬰組織如何展開？清代育嬰堂在創設與經營上的特色為何？國家的政策與制度如何影響育嬰堂的發展？地方社會上的運作情形為何，是否有區域上的差異？接著從微觀的角度切入育嬰堂的經營與運作。育嬰堂需要哪些人員，是否具有組織、階層？他們的分工與報酬，是否隨著性別、年紀等因素而有差異？次將討論的焦點放回乳婦上。誰能入堂成為乳婦，選擇的標準為何，是否有固定的程序？入堂後，乳婦的聘期、待遇如何，親生子女又該如何安置？工作方面，乳婦哺育、照顧堂嬰，是憑藉過去的育兒經驗，或有訂立規則指引？生活方面，乳婦從身心到行動，受到什麼限制？育嬰堂是否派人加以稽查、管理，堂役與乳婦的關係為何，可能有什麼互動？各種規範反映出的意義，關乎性別抑或身體？勾勒出乳婦大致的面貌後，進一步從明清社會、性別與醫療等多元的脈絡，探究匯聚多種角色與意義的乳婦，士人對她們的評價褒貶，是基於照護成效，或

隱含著更複雜的因素？上述皆是本研究亟待解決的課題。

　　總之，育嬰堂的乳婦，利用天賦的乳汁，及女性的育嬰照護
角色獲得工作，求取生計。在明清大量創設育嬰堂的背景下，這
份專屬於女性的職業，涉及明清育嬰堂的運作、女性營生與醫療
照護等面向，無論從社會史、性別史或醫療史的角度而言，皆是
值得探究的課題。以下便透過前輩學者的研究成果，進一步闡釋
本研究的問題與意義。

第二節　相關研究回顧

　　明末，善會在江南地區興起，用以長期救濟地方上的弱勢
族群。後來逐漸形成組織，設置固定的辦事與施善空間，是為善
堂。清代則接續創設的風氣，並在各地擴展開來。本書討論的育
嬰堂即屬此類，因此，明清時期慈善組織的相關研究是本書論述
的基礎。又因本研究主要關注育嬰堂的乳婦及女性堂役，涉及女
性的勞動營生與健康照顧兩大主題，故針對近年來明清女性職業
與生計、女性與醫療照護的研究成果進行回顧。

一、明清時期的慈善組織

　　1980年代，日本學者夫馬進、台灣學者梁其姿與美國學者韓
德林（Joanna Handlin Smith），同時關注明清時期社會上大量創
設的善會、善堂，並陸續將研究成果集結成書。

夫馬進於1997年出版的《中國善會善堂史研究》一書，研究時段橫跨明末至民初，主要處理善會、善堂興起的時代背景、創設與經營方式，又透過普濟堂的運作，分析國家與社會的互動關係，最後以杭州、上海的善堂為例，討論都市行政、地方自治與近代化等問題。[4]有關明末清初的善會、善堂，夫馬進指出，晚明是結社、講會盛行的年代，士紳面對地方上的問題，會共同商議解決方法。鄉紳、生員與財富聚集於城市，促使善會、善堂興起於此。在思想價值上，晚明是儒、佛相互影響，功過格流行，並瀰漫著「生生」、「與人為善」及因果報應的時代。善會、善堂雖是明清時代的產物，但明、清之間仍有其差異。關於清代善堂的轉變，夫馬氏以普濟堂為例指出，雍正至乾隆年間，地方官員廣設普濟堂，並上奏以官方田產作為經費來源，促使善堂走向「官營化」。同時，地方士紳被要求擔任善堂的管理者，並籌措不足的經費，負擔日益加重，因而失去行善的自發性，如同賦稅，形成善舉的「徭役化」。另外，此書第四至六章著重討論清代的育嬰事業。清代前期（1644-1724），育嬰堂在經濟富庶的長江下游地區快速普及。夫馬氏首先運用杭州育嬰堂條規，分析嬰兒收養程序、經費的來源與運用等問題。又梳理出以蘇州育嬰堂為核心的育嬰事業圈，即城鎮的留嬰堂將嬰兒轉送至蘇州

---

[4]　夫馬進，《中国善会善堂史研究》（京都：同朋社，1997）。中譯本：夫馬進著，伍躍、楊文信、張學鋒譯，《中國善會善堂史研究》（北京：商務印書館，2005）。

育嬰堂，以解決城鎮育嬰資源不足的制度。清代中後期（1724
年以後）的育嬰堂，則透過松江育嬰堂的徵信錄，分析組織編
制、經費收支、救濟成效及育嬰事業圈。夫馬氏指出，松江育
嬰堂已具有官營化、徭役化的現象，育嬰事業圈的範圍更為擴
大，形成府城、縣城與鄉鎮的縝密網絡。最後則討論清末士紳
為解決育嬰堂救濟成效不彰的問題，進而創設以親生父母養育
嬰兒的「保嬰會」。

　　梁其姿《施善與教化：明清的慈善組織》一書，討論明末
至清中後期（1600至1850年代）江南地區由紳商所推動的各種慈
善組織，藉以觀察明清社會經濟的變動、價值觀的變化，以及施
善者的行善動機。[5]梁氏指出，明清慈善組織的發展可分為三個
階段，第一階段為明末，社會經濟的蓬勃發展，致使貧富貴賤、
財富的道德性等價值觀出現變化。地方士紳為維護社會秩序，重
整社會階層而建立善會。第二階段為清政權穩固後，善堂規模
逐漸擴大。雍正二年（1724）頒定的諭令，更進一步推動全國普
濟堂及育嬰堂的建立。此時官方介入善會、善堂，是為「官僚
化」，但仍屬官督民辦的型態。第三階段在乾嘉時期以後，中央
權力逐漸鬆懈、社會不安與混亂再次出現。善堂領導人以中下階
層儒生為主，組織型態從大城市中的大型善堂，轉變成小社區中
的小型善堂。意識形態上，具有濃厚的通俗儒家思想，是為「儒

5　梁其姿，《施善與教化：明清的慈善組織》（臺北：聯經出版事業公司，
　　1997）。

生化」。另外，書中第三、四章討論清代育嬰堂的創設、經營與轉變。在清代前期（1655-1724）育嬰堂為能長期運作，便尋求固定的經費來源，並建立輪值制、董事制兩種管理方式，走向制度化。到了雍正、乾隆時期，官方力量較為顯著，能革除管理不良、經費貪污的弊端，亦能增加經費，擴充規模。不過，過於依賴官方，使善堂的負責人失去行善的自發性，地方官員也逐漸因循應對。梁其姿另有一單篇論文，主要討論清末育嬰機構的轉變，如保嬰會的出現，並指出士紳逐漸關注嬰孩的未來，顯示對兒童的觀念出現變化。[6]

　　夫馬進與梁其姿的研究都注意到育嬰堂的乳婦。夫馬進分析康熙年間杭州育嬰堂條規指出，乳婦是「預先與育嬰堂訂下契約的受雇者」，由乳汁充足、未有待哺子女者擔任。乳婦將堂嬰領回家中照護，每月朔日抱至育嬰堂檢查，並領取工資及糕餅。夫馬氏進一步比較康熙年間杭州、丹徒、合肥與蘇州等地乳婦的報酬後指出，乳婦的平均工資在銀三錢至五錢之間，不足當時勞動男性所得的一半，雖非高薪但也不低，屬於兼職性質。[7]夫馬進主要探究堂外乳婦的待遇，梁其姿則關注乾隆初期育嬰堂對住堂

---

[6] Angela Ki Che Leung, "Relief Institutions for Children in Nineteenth-century China," in *Chinese Views of Childhood*, ed. A .B. Kinney (Honolulu: University of Hawaii Press, 1995), pp. 251-278. 中譯文：梁其姿，〈19世紀中國的嬰孩救濟機構〉，收入梁其姿，《變中謀穩：明清至近代的啓蒙教育與施善濟貧》（上海：上海人民出版社，2017），頁129-148。

[7] 夫馬進著，伍躍、楊文信、張學鋒譯，《中國善會善堂史研究》，〈第四章・清代前期的育嬰事業〉，頁195、197-198。

乳婦的選擇與控制。梁氏指出，乾隆年間住堂乳婦的數量增加，江南地區規模較大的育嬰堂，大約雇用數百名住堂乳婦。在乳婦的揀選上，育嬰堂十分重視乳婦的健康與乳汁的品質，丈夫也不能入堂同住，避免懷孕影響乳汁分泌。又為控管照護成效，育嬰堂門禁森嚴，乳婦不得擅自出入。[8]夫馬進與梁其姿都注意到條規中，針對乳婦訂立的規範及待遇，但討論的時期與乳婦性質有所差別，也缺乏長時段的觀察與分析。

另外，夫馬進與梁其姿的研究皆指出，晚明善會具有時代的獨特性，反映當時的社會思想，組織的理念與型態更影響至清代。韓德林（Joanna Handlin Smith）《行善的藝術：晚明中國的慈善事業》一書，即聚焦於晚明慈善事業之探討。[9]透過楊東明、高攀龍、陳龍正、陸世儀與祁彪佳的文集與日記，從思想史、社會史的角度切入，分析晚明善會的思想價值、組織運作，以及官方與地方的互動等問題。韓德林指出，晚明行善的背景與

---

[8] 梁其姿，《施善與教化：明清的慈善組織》，〈第三章·慈善組織的制度化（1655-1724）〉，頁89-91。

[9] Joanna Handlin Smith, "Benevolent Societies: The Reshaping of Charity During the Late Ming and Early Ch'ing," *The Journal of Asian Studies*, 46:2 (1987), pp. 309-337; "Gardens in Ch'i Piao-chia's Social World: Wealth and Values in Late-Ming Kiangnan," *The Journal of Asian Studies*, 51:1 (1992), pp. 55-81; "Liberating Animals in Ming-Qing China: Buddhist Inspiration and Elite Imagination," *The Journal of Asian Studies*, 58:1 (1999), pp. 51-84.以上論文又於2009年集結出版之專書，見Joanna Handlin Smith, *The Art of Doing Good: Charity in Late Ming China*, Berkeley. Los Angeles and London: University of California Press, 2009.中譯本：韓德林著，吳士勇等譯，《行善的藝術：晚明中國的慈善事業》（南京：江蘇人民出版社，2015）。

動力，主要來自社會變動帶來的焦慮感，個人財富與家族名聲的壓力，以及士紳們的道德輿論等因素。其次，從五位晚明士人的慈善活動反映出兩個社會變化，一是菁英階層的邊緣群體擴大並分化；一是不同社會階層的人群互動性增加，且頻繁討論及參與公共事務。最後，作者比較晚明與清初的慈善活動指出，清初時慈善的制度更完備，商人及其財富的角色則較晚明顯著，國家也開始介入其中。

其他相關的研究成果，多是擴充江南地區的研究，如王衛平進一步梳理清代江南地區的二十六個育嬰事業圈；[10]或在討論明清溺女問題時，將育嬰堂作為解決措施之一加以說明；[11]或將研究的時代延伸至清末民初；[12]或是以地方史的角度，以補善會、善堂在區域研究上的不足。[13]上述研究，一方面顯示各個地區的

---

[10] 王衛平，〈清代蘇州的慈善事業〉，《中國史研究》，1997：3（北京，1997.9），頁145-156；王衛平，〈清代江南市鎮慈善事業〉，《史林》，1999：1（上海，1999.3），頁38-63；王衛平，〈清代江南地區的育嬰事業圈〉，《清史研究》，2000：1（北京，2000.2），頁75-85。王衛平關於江南地區慈善組織的研究，後整理收入王衛平、黃鴻山著，《中國古代傳統社會保障與慈善事業——以明清時期為重點的考察》（北京：群言出版社，2005），〈下編·民間慈善事業〉，頁181-315。

[11] 馮爾康，〈清代的婚姻制度與婦女的社會地位論述〉，收入中國人民大學清史研究所編，《清史研究集（第五輯）》（北京：光明日報出版社，1986），頁305-343；趙建群，〈試述清代拯救女嬰的社會措施〉，《中國社會經濟史研究》，1995：4（廈門，1995），頁44-50。

[12] 梁元生，〈慈惠與市政：清末上海的「堂」〉，《史林》，2000：2（上海，2000.6），頁74-81；黃郁惠，〈清季江蘇育嬰堂慈善事業，1860－1900〉（桃園：中央大學歷史研究所碩士論文，2009）。

[13] 汪毅夫，〈清代福建救濟女嬰的育嬰堂及其同類設施〉，《中國社會經濟史研究》，2006：4（廈門，2006.12），頁14-22；雷妮、王日根，〈清代寶慶府社

育嬰堂，隨著不同的政治與社經基礎，而有相異的發展。另一方面則觸及近現代地方治理與公共事務等重要議題。不過，這些研究與梁其姿及夫馬進的對話稍嫌不足，較難凸顯不同類型或地域之善會、善堂的特色。再者，聚焦於士紳階層的討論，較難注意到育嬰堂的理念及其實踐之間所面臨的問題，也忽略日常運作中的重要小人物，即是乳婦與堂役。然而，進入育嬰堂工作之乳婦與女性堂役亦屬職業婦人，以下回顧明清時期女性職業與生計之研究。

二、明清時期的女性職業與生計

近三十年來，中國婦女史研究蓬勃發展，無論是國內外學者論著或學位論文，在選題、研究取徑與史料運用上皆出現轉變，更加注重歷史發展中女性在社會上的各種角色。[14]至於明清婦女

會救濟機構設中的官民合作——以育嬰堂和養濟院為中心〉，《清史研究》，2004：3（北京，2004.8），頁53-58；王尊旺、李穎，《醫療、慈善與明清福建社會》，〈第二章·清代福建的醫療與慈善〉（天津：天津古籍出版社，2010），頁83-116。

[14] 1980年代以降西方漢學界中國婦女史研究的評介，參見羅溥洛（Paul Ropp），梁其姿譯，〈明清婦女研究：評介最近有關之英文著作〉，《新史學》，2：4（臺北，1991.12），頁77-116；胡曉真，〈最近西方漢學界婦女文學史研究之評介〉，《近代中國婦女史研究》，2（臺北，1994.6），頁271-289。戰後近70年來台灣的中國婦女史研究趨勢，參見李貞德，〈超越父系家族的藩籬——臺灣地區「中國婦女史研究」（1945-1995）〉，《新史學》，7：2（臺北，1996.6），頁139-180；李貞德、梁其姿主編，《婦女與社會》，（《臺灣學者中國史研究論叢》，北京：中國大百科全書出版社，2005），〈導言〉，頁1-10；李貞德，〈最近臺灣歷史所學位論文中的性別課題——從三本中古婦女史新書談起〉，《新史學》，21：4（臺北，2010.12），頁203-237。

史，除了節烈婦女與貞節觀念仍是研究的焦點外，在經濟活動、城市文化、日常生活等面向都有所開拓，呈現出一幅多元、活潑的婦女生活樣貌。[15]循著此一研究的趨勢，本書擬聚焦庶民階層女性，透過明清育嬰堂的乳婦及女性堂役，探索明清女性職業及勞動營生等課題。

關於婦女職業與生活的問題，陳東原於1928年《中國婦女生活史》已寄予關注。[16]陳氏雖以「婦女生活」為題，但主要將傳統中國婦女視為男尊女卑觀念的受害者，強調婦女被摧殘的歷史，反映五四時期反傳統、反封建的思潮。在早期研究中，嘗試從史料挖掘傳統社會女性從事各種職業者，如全漢昇〈宋代女子職業與生計〉，描述宋代女性在實業、遊藝、雜役與妓業方面的活動。[17]許倬雲〈從周禮中推測遠古的婦女工作〉，以《周禮》為主要史料，指出上古時期婦女的工作，涵蓋農業、商業等後來以男性為主的職業。[18]上述二文雖未深入分析，但卻暗示著傳統

---

[15] 1980年代以後明清婦女史研究的討論，參見衣若蘭，〈近十年兩岸明代婦女史研究評述（1986-1996）〉，《國立臺灣師範大學歷史學報》，25（臺北，1997.6），頁345-362；衣若蘭，〈最近臺灣地區明清婦女史研究學位論文評介〉，《近代中國婦女史研究》，6（臺北，1998.8），頁175-187；林麗月，〈從性別發現傳統：明代婦女史研究的反思〉，《近代中國婦女史研究》，13（臺北，2005.12），頁1-26；毛立平，〈婦女史還是性別史？——清代性別研究的源流與演進〉，《婦女研究論叢》，146（北京，2018.3），頁111-120。

[16] 陳東原，《中國婦女生活史》（臺北：臺灣商務印書館，1994）。

[17] 全漢昇，〈宋代女子職業與生計〉，《食貨半月刊》，1：9（上海，1935.1）頁5-10。後收入鮑家麟編著，《中國婦女史論集》（臺北：稻鄉出版社，1999版），頁193-204。

[18] 許倬雲，〈從周禮中推測遠古的婦女工作〉，《大陸雜誌》，8：7（臺北，1954.4），頁202-205。後收入鮑家麟編著，《中國婦女史論集》，頁51-62。

中國女性生活與形象應是多樣、複雜的。

　　近二十年來，隨著社會文化史、婦女史與醫療史等研究的興盛，學者們紛紛藉由多元的視角與史料，探索傳統社會中婦女生活的豐富面貌。高彥頤（Dorothy Ko）呼籲研究者應走出「五四婦女史觀」，即強調傳統中國婦女皆是受壓迫的受害者形象的史觀。[19]高氏曾透過明末清初江南地區名媛、才女的詩文，瞭解其生活空間與自我形象。發現明清婦女無論在實質的生活空間，或是精神上的心靈空間，都能經由旅遊與詩文創作，超越閨閣的界線，呈現出動態的生活樣貌。[20]她們也會藉由自身的文才與學識，受雇為上層家庭女性的家庭教師，即是「閨塾師」，或成為職業作家，以謀求生計。[21]

　　相較於高彥頤聚焦於上層婦女，林麗月〈從《杜騙新書》看晚明婦女生活的側面〉一文中，透過晚明公案體小說《杜騙新書》，討論晚明中下階層婦女生活樣態。[22]指出在商品經濟蓬勃發展下，女性出外謀生的機會增加，擴展生活的空間；另方面，城市中的社會問題與犯罪，婦女也參與若干角色。《杜騙新書》

---

[19] Dorothy Ko, *Teachers of the Inner Chambers: Women and Culture in Seventeenth-Century China* (Stanford: Stanford University Press, 1994), pp. 1-26.

[20] 高彥頤，〈「空間」與「家」──論明末清初婦女的生活空間〉，《近代中國婦女史研究》，3（臺北，1995.8），頁21-50。

[21] Dorothy Ko, *Teachers of the Inner Chambers: Women and Culture in Seventeenth-Century China*, pp. 125-134.

[22] 林麗月，〈從《杜騙新書》看晚明婦女生活的側面〉，《近代中國婦女史研究》，3（臺北，1995.8），頁3-20。

中的詐騙案例，顯示出多樣化的晚明婦女形象，也反映常民男女與士大夫階層的貞節觀恐大相逕庭。此文透過《杜騙新書》，讓讀者進一步瞭解晚明社會經濟變遷下的婦女生活。高彥頤、林麗月的研究，透過不同階層的討論，揭示女性的生活空間、勞動營生或價值觀等方面，都非千人一面。

衣若蘭由碩士論文改寫而成的《「三姑六婆」：明代婦女與社會的探索》一書，同樣關注中下階層的女性，主要從晚明社會與兩性關係的脈絡，考察「三姑六婆」此一職業女性群體。[23]衣氏認為三姑六婆反映明代女性職業的多樣性，可歸納為宗教（尼姑、道姑、卦姑與師婆）、醫療（藥婆、師婆與穩婆）與商業（賣婆、牙婆、媒婆與虔婆）三大類別，並分述她們在明代社會中的功能與重要性。「三姑六婆」操持專屬女性的職業，遊走於各階層的生活空間，提供各種服務。但在士人眼中，則視為破壞儒教的男女規範。尤其在晚明世風劇變下，士人大都忽視她們的貢獻，給予負面評價。此書以「三姑六婆」為主體，分析性別、階級、公私與內外等因素互動下婦女與社會的關係，對明代女性職業與生活有進一步的認識。此外，書中亦關注男性扮演的角色，如文中強調史料反映的「士大夫的心態」，凸顯性別研究的取向。

---

[23] 衣若蘭，〈從「三姑六婆」看明代婦女與社會〉（臺北：國立臺灣師範大學歷史研究所碩士論文，1997）。後修訂出版：衣若蘭，《「三姑六婆」：明代婦女與社會的探索》（臺北：稻鄉出版社，2002）。

相較傳統中國時期的研究，近代女性生活與職業的議題似有較多研究成果，學者們從報紙、期刊與檔案等史料中尋找清末民初的新女性形象。有的透過各種職業或公共領域中尋找女性身影，如女工、女學生、娼妓、女店職員、女招待與女律師等皆有學者進行研究。[24]有的從新思想、知識與物質傳播的脈絡討論傳統與近代女性角色的轉變，如現代母親及其職責的建構。婦女面對家庭與職業的選擇及時人的議論，又因牛乳、奶粉的傳入與普及，如何育嬰成為當時討論的議題，是否雇請乳母也夾雜於各種聲音之中，奶粉商也藉由扎評乳母試圖增加奶粉的銷售量。[25]這些研究雖未針對近代乳母的處境進行討論，卻暗示著這一傳統女

---

[24] 相關研究詳參陳慈玉，〈二十世紀初期的女工〉，《歷史月刊》，2（臺北，1988.3），頁112-117；趙淑萍，〈民國初年的女學生（1912-1928）〉（臺北：國立臺灣師範大學歷史研究所碩士論文，1996）；賀蕭（Gail Hershatter）著，韓敏中等譯，《危險的愉悅：20世紀上海的娼妓問題與現代性》（南京：江蘇人民出版社，2003）；許慧琦，〈訓政時期的北平女招待（1928-1937）——關於都市消費與女性職業的探討〉，《中央研究院近代史研究所集刊》，48（臺北，2005.6），頁47-96；連玲玲，〈「追求獨立」或「崇尚摩登」？近代上海女店職員的出現及其形象塑造〉，《近代中國婦女史研究》，14（臺北，2006.12），頁1-50；孫慧敏，〈民國時期上海的女律師（1927-1949）〉，《近代中國婦女史研究》，14（臺北，2006.12），頁51-88；Angelina Y. Chi, "Labor Stratification and Gendered Subjectivities in the Service Industries of South China in the 1920s and 1930s: The Case of Nu Zhaodai (女招待)," 《近代中國婦女史研究》，14（臺北，2006.12），頁125-178。

[25] 柯小菁，〈塑造新母親：近代中國育兒知識的建構（1903-1937）〉（新竹：國立清華大學歷史研究所碩士論文，2007）。後修訂出版，柯小菁，《塑造新母親：近代中國育兒知識的建構及實踐（1900-1937）》（太原：山西教育出版社，2011）；周春燕，〈胸哺與瓶哺——近代中國哺乳觀念的變遷（1900-1949）〉，《近代中國婦女史研究》，18（臺北，2010.12），頁1-52；盧淑櫻，《母乳與牛奶——近代中國母親角色的重塑（1895-1937）》（香港：中華書局，2018），頁122-131。

性職業即將面臨轉變。

此外，李金蓮有三篇討論清代至民國時期育嬰堂乳婦的文章。李氏指出，隨著政治與經濟動盪，育嬰堂管理不周且貪汙事件頻傳，又有不少「道德敗壞」的乳婦，致使乳婦這一職業逐漸衰敗。[26]惟其內容以排比史料為主，未有充分解釋。

三、女性與醫療照護

醫療史研究亦為了解傳統女性群像的重要途徑。尤其在傳統社會中，女性擔任健康與醫療照護之職並不罕見。1986年，Victory Cass就曾透過沈榜的《宛署雜記》討論明代北京禮儀房中的醫婆、穩婆與乳母。[27]熊秉真〈傳統中國的乳哺之道〉一文，透過明清時期的產、幼科醫籍，探索傳統中國乳哺嬰兒的方法。[28]其中「擇乳母」一節，論及醫書中對乳母生、心理的要求，以及生活起居的規範，從傳統育嬰文化的脈絡，展現乳母的功能與重要性。不過性別與醫療並非此文的論旨，討論的主體也

---

[26] 李金蓮，〈清代育嬰事業中的職業乳婦探析〉，《中華文化論壇》，2008：2（四川，2008），頁16-22；李金蓮，〈民國時期育嬰堂中的乳婦及其工資待遇〉，《商丘師範學院學報》，28：1（商丘，2012.1），頁71-77；李金蓮，〈民國時期育嬰堂中的乳婦研究〉，《中國社會歷史評論》，13（天津，2012.6），頁258-285。

[27] Victory Cass, "Female Healers in the Ming and Lodge of Ritual and Ceremony," *Journal of American Oriental Society*, 106:1 (Ann Arbor, 1986), pp. 233-245.

[28] 熊秉貞，〈傳統中國的乳哺之道〉，《中央研究院近代史研究所集刊》，21（臺北，1992.6），頁123-146。後修訂收入熊秉真，《幼幼：傳統中國的襁褓之道》（臺北：聯經出版事業公司，1995），〈第五章・乳與哺〉，頁103-135。

非乳母。

李貞德在1999年至2002年有一系列關於女性與醫療照顧的文章，分別探究漢唐之間的乳母、女性醫療者及家庭中的健康照護問題。首先，〈漢魏六朝的乳母〉一文，主要討論宮廷貴族與士人家族雇用乳母的現象、醫方對乳母的要求，及其職務、待遇與評價。此文論及乳母的評價時指出，士人對乳母的批評多是她們逾越階級與性別的界線，如參與宮廷政爭或受封爵號，而非乳汁品質或照護失職。[29] 其次，在〈漢唐之間的女性醫療照顧者〉一文指出，漢唐之間女性作為醫療者提供的醫療活動十分多元，各種疾病與情境下皆不乏其身影，但最常出現仍屬生育相關的場所。她們或以巫、釋、道等宗教力量為人治病，或施予醫藥，或以手治。其技術來自多樣的管道，如口耳相傳、生活經驗或是家傳習得。不過，在唐代官方整頓醫學後，宗教女性的醫療活動受到打擊，常以雙手治療病患的女醫也漸被排斥於正統醫學之外。[30] 在〈漢唐之間家庭中的健康照顧與性別〉一文中，則主要討論男女在家庭中的照護活動，並比較性別之間的差異。指出女性肩負家庭成員的健康照護之責，是符合性別倫理角色的表

---

[29] 李貞德，〈漢魏六朝的乳母〉，《中央研究院歷史語言研究所集刊》，70:2（臺北，1999），頁439-481。後修訂收入李貞德，《女人的中國醫療史——漢唐之間的健康照顧與性別》（臺北：三民書局，2012），〈第五章·重要邊緣人物——乳母〉，頁205-246。

[30] 李貞德，〈漢唐之間的女性醫療照顧者〉，《臺大歷史學報》，23（臺北，1999），頁123-156。後收入李貞德，《女人的中國醫療史——漢唐之間的健康照顧與性別》，〈第六章·女性醫療者〉，頁249-279。

現。男性侍奉患病的父母則屬孝悌異行，更是為官升遷或習醫傳家的重要途徑。兩相比較，凸顯家庭照護活動的性別差異。[31]這三篇文章，結合性別、醫療與階層，涉及女性營生、公私領域中的性別角色及醫藥知識等課題，揭示女性醫療形式的多樣性。除了施予醫藥的女醫者外，更不能忽視女性在日常生活中的照護活動。

另外，關於明清女性醫療者的研究，對本書亦有啟發。前述衣若蘭的研究，注意到明代社會中藥婆、師婆與穩婆三類姑婆提供的醫療服務。她們以賣藥、治病與接生為營生之計，又因關乎人們的生死壽夭，在醫療與生育中扮演要角。[32]梁其姿〈前近代中國的女性醫療從業者〉一文，討論宋代以降穩婆與女醫的功能、社會地位，及士人的評價與規範。[33]梁氏指出，大約在宋代時，隨著正統醫學的形成與性別隔離觀念的增強，批判女醫者的聲音亦更為強烈。不過，社會上對女性醫療從業者的需求仍有增

---

[31] 李貞德，〈漢唐之間家庭中的健康照顧與性別〉，收入黃克武主編，《中央研究院第三屆國際漢學會議論文集歷史組：性別與醫療》（臺北：中央研究院近代史研究所，2002），頁1-49。後收入李貞德，《女人的中國醫療史——漢唐之間的健康照顧與性別》，〈第八章・男女有別——家庭中的醫護活動〉，頁307-348。

[32] 衣若蘭，《「三姑六婆」：明代婦女與社會的探索》，頁46-65。

[33] Angela Ki Che Leung, "Women practicing medicine in pre-modern China," in *Chinese Women in the Imperial Past: New Perspectives*, ed. H. Zurndorfer (Leiden: Brill Academic Publishers, 1999), pp. 101-134.中譯文：梁其姿著，蔣竹山譯，〈前近代中國的女性醫療從業者〉，收入李貞德、梁其姿主編，《婦女與社會》，（《臺灣學者中國史研究論叢》，北京：中國大百科全書出版社，2005），頁355-374。

無減，顯示評價與現實的矛盾。費俠莉（Charlotte Furth）則注意明代的職業女醫。討論游走於門戶之間的藥婆、醫婆與產婆的社會功能，以及男性醫者與士人對她們的評價與形象塑造，文中又特別關注醫療世家中的女醫者，如談允賢。[34]

綜合這三方面的討論得知，關於明清慈善組織的研究，學者主要關注明末善會、善堂興起的社會、經濟與思想背景。此外，明清時期地方士紳、商人的創設動機、管理方式與經費來源，官方與民間、國家與社會的互動，亦是研究者探究的重點。在史料方面，除了夫馬進運用大量的徵信錄外，學者多以明清方志為主，官書、典籍、檔案、文集與官箴書等材料的使用則稍嫌不足，可見官方對育嬰堂的相關政策仍有討論空間。另外，前輩學者雖提供明清育嬰堂長時段的觀察，不過育嬰堂如何運作，管理者與堂役的來源、編制、職能、規範與待遇等方面，仍存有不少疑問。尤其，善堂中有不少女性堂役，乳婦更肩負哺育重責，影響善堂的運作與救濟成效，她們的來源、待遇，及其在善會、善堂中的角色皆有待釐清，也缺乏結合性別史的深入分析。

其次，就女性職業與生計的研究來看，隨著研究取徑與視角的轉變，學者對宋代以降女性從事各種職業開始投以關注，但

---

[34] Charlotte Furth, *A Flourishing Yin: Gender in China's Medical History 960-1665* (Berkeley: University of California Press, 1999), Chapter 8, "In and Out of the Family: Ming Women as Healing Experts," pp. 266-300.

就整體研究趨勢來看，近代女性職業的研究，涉及國族、政治與女性解放，雜誌、報紙與檔案又可資取材，故有較多的探討，明清女性的職業與生計的研究則略顯不足。再者，就研究的主題來看，晚明城市社會、商品經濟發展下的職業女性是學者關懷的重點。尤其遊走於市井之間，跨越公、私領域限制的女性是主要的研究對象。不過，如同育嬰堂的乳婦與女性堂役，她們進入一個介於官、民之間的組織、機構，其工作內容與規範有何特色，堂役之間的相處情形如何？乳婦一職不僅關乎營生，又涉及健康照護，她們的處境如何？這些都有待梳理、比較，也需結合醫療史進一步探究。

綜觀女性與醫療照護的研究，或受限於史料，或學者側重的面向不同，研究成果並不多，主要集中在漢唐之間與明清時期。研究主題包括職業女醫、宮廷中的女性照護者、乳母與家庭中的醫療活動。其中，明清時期的討論集中在三姑六婆提供的醫療功能及女醫的醫療活動，至於女性在日常生活中或慈善組織中的健康照護活動，則有很大的探究空間。

總之，明清的慈善組織、女性職業與生計及女性與醫療照護的相關研究，已經累積豐碩成果，但也有尚待探究的問題。本書在前此研究的啟發下，將進一步討論：明清時期的育嬰堂如何運作，人事如何安排？管理者、堂役的工作內容各自為何？乳婦作為營生之計，又肩負醫療照護之職，將面臨的處境、規範、得失與評價為何？其中反映出怎樣的性別文化？希望透過這些問題

的探討，能對以上三個主題的研究有所助益。以下將透過研究方法、史料與章節架構，進一步說明本書將如何進行討論。

第三節　研究方法與章節架構

本書將以社會史、性別史與醫療史的視角切入，討論乳婦與明清育嬰堂的人事運作。一方面考察涉及的政治、社會、文化與經濟的問題，另一方面，分析堂內人員、乳婦之間的互動，以及乳婦的揀選、堂嬰照護及其評價等問題。研究時間、地點方面，由於育嬰堂的發展橫跨明清兩代，資料十分零散，難以針對個別時間、地區一一討論，故以明末與清代中國為研究範圍。

在史料運用方面，本研究主要依賴明末至民國時期各地區的地方志。方志中載有育嬰堂創設與運作情形的資料，或是堂產的記載，是探究育嬰堂創設與發展的重要文獻。其次，育嬰堂為維持經營與運作的秩序，會訂立堂規，針對人員編制與管理、嬰兒的救濟方式與經費來源等詳細規範。大多數的地方志會收錄這些條文，對討論乳婦與育嬰堂的運作大有助益。此外，關於地方志的運用，研究者用於探究女性史時，大多關注人物傳記中的〈列女〉，較忽略其他項目中的女性身影。在醫療史的研究中，則聚焦於〈方技〉中的醫者傳記，或限於風土與疾病的討論，多數的研究仍依賴醫籍、醫案等文獻，較少注意地方志中的醫療課題。因此，本研究將嘗試從大量的地方志中，勾勒出乳婦的面貌，披

揀出幼兒照護的記載。不過,地方志也存在幾項限制:第一是晚明、清初的方志中,關於育嬰堂的資料不多。第二是地方志編纂品質良莠不齊,部分方志收錄的資料,作者、寫作時間難以稽考。第三是地方志具有官方史料的性質,亦可能凸顯官方對育嬰堂的正面作用,忽略民間在創設與經費上的投入。

為解決地方志的限制,本研究將兼用多種史料力求論證的周延性。如《清實錄》、《大清會典》與奏摺等檔案典籍,有助於說明清代官方針對育嬰堂制訂的政策與制度。明清士人的文集與日記,如《祁忠敏公日記》、《救荒策會》、《潛書》與《二知軒文存》等,則是討論時人對育嬰組織與乳婦的評價與議論不可或缺的史料。又因本研究特別注意乳婦的幼兒照護工作,故醫籍與家訓中乳母與幼科的記載亦是重要的憑藉。至於晚清育嬰堂與乳婦的記載,創刊於同治年間的《申報》則可略補相關文獻之不足。

在章節架構方面,本書除緒論與結論外,正文共分四章。第一章〈明清育嬰堂的發展與人事組織〉,主要概述明清育嬰堂的發展,分析育嬰堂的運作與人事編制,釐清堂內人員的職能,建立本研究的基本架構。第二章〈乳婦的來源與待遇〉,承接第一章梳理出的人事組織,嘗試將乳婦放回此制度中,分析其來源、選擇條件、入堂程序與報酬等問題。第三章〈乳婦的工作內容與生活規範〉,擬聚焦於乳婦作為醫療照護者的職責與規範。分析嬰兒照護工作的內容,及因職務所產生的身體與行動之種

種限制。此外，乾隆年間，揚州育嬰堂規定數名乳婦即設一名
乳婦頭管理。道光年間，乳婦頭藉管理之責，聚集數百名瞽目
殘廢婦女，把持堂務直至同治八年（1869）。兩淮鹽運使方濬頤
（1815-1889）的〈揚州育嬰堂記〉，及光緒年間的《兩淮鹽法
志》皆有記載「乳婦頭事件」之始末。[35]第四章將透過「乳婦頭
事件」的個案分析，考察育嬰堂的經營與運作實況，並析論此事
件的性別意涵。最後，探討上人對乳婦的評價，分析其中反映的
社會觀念與性別問題。希望透過兼具「救嬰」與「濟貧」雙重角
色的乳婦，呈現明清社會文化及善會善堂更豐富的面貌，並於開
拓性別與醫療課題有所助益。

---

[33] 方濬頤〈揚州育嬰堂記〉中只說乳婦頭「聚而不散」、「為患不小」，並未以
「事件」稱之。本書為便於討論並凸顯此事的特殊性，姑以「乳婦頭事件」指稱
道光至同治年間，乳婦頭及瞽目殘廢婦女引起的問題及後續的處理情形。

第一章
明清育嬰堂的發展與人事編制

> 元明之世，育嬰堂尚未通行。自國家忠厚開基，發粟振饑，歲不絕書，孤獨鰥寡，各得其所。世祖皇帝講筵觸發，特嚴溺女之禁，海內始知育嬰為善舉，然在官尚無常餼也。仰維孝莊皇后，首頒祿米，滿漢諸臣，以次輸助，不數年，由京師以達郡縣，育嬰之堂徧天下矣。
>
> 〔清〕陳康祺，《郎潛紀聞（初筆）》，卷4，〈育嬰堂〉

　　傳統中國很早即有棄殺嬰孩的記載，官方與民間乃起而勸阻與救濟，創設專門的收養機構便是其一。[1]南宋時，地方官員設有舉子倉、嬰兒局，官方則設立慈幼局收養棄嬰。元代的情形

---

[1] 傳統中國棄殺嬰兒與救濟方式的討論，參見曾我部靜雄著，鄭清茂譯，〈溺女考〉，《文星》，10：1（臺北，1962.5），頁52-57；王德毅，〈宋代的養老與慈幼〉，收入宋史研究會編，《宋史研究集》，第六輯（臺北：中華叢書編審委員會，1971），頁399-428；劉靜貞《不舉子：宋人的生育問題》（臺北：稻鄉出版社，1998），〈第三章・殺子成風？——經濟性理由的探討〉，頁81-146；李貞德，《女人的中國醫療史——漢唐之間的健康照顧與性別》，〈第四章・墮胎、絕育和生子不舉〉，頁137-201。

受限於史料，仍未有清晰的圖像。上引文字，據《清朝續文獻通考》記載，應出自嘉慶四年（1799）的奏摺。[2]清中晚期士人陳康祺（1840－？）將其抄錄，並在回顧宋代慈幼局後表示：「蓋若我聖朝誠求保赤，大德曰生，粼自宮闈，傳諸陬澨，及人之幼，因民所利，休養生息，尤為可大可久之規模也。」[3]其抄錄文字與按語，都凸顯出清代官方對育嬰堂的著力甚深，且京師育嬰堂首開創設風氣，並逐漸遍及各地。

不過，清代育嬰堂應是明末江南地區善會的延續，上述的說法只能視為清代育嬰堂的一個側面。需進一步追問的是，這樣的認知是如何形成，明清兩代育嬰堂發展的軌跡為何？在討論明清育嬰堂的人事組織問題之前，梳理明末以降育嬰機構的發展，乃是首要的課題。

第一節　明清育嬰堂的發展

明代官方的救濟政策中，養濟院是作為收養鰥寡孤獨的機構。不過，養濟院的功能不彰，未能發揮救濟的目的。[4]即使如此，崇禎十三年（1640），時任戶科給事中的左懋第（1601－

2　〔清〕劉錦藻撰，《清朝續文獻通考》（臺北：新興書局，1963），卷83，〈國用考二十一・賑卹・恤幼孤〉，頁8418-8419。
3　〔清〕陳康祺，《郎潛紀聞（初筆）》（北京：中華書局，1997），卷4，〈育嬰堂〉，頁70。
4　夫馬進著，伍躍、楊文信、張學鋒譯，《中國善會善堂史研究》，〈第一章・善會、善堂出現以前——以明代的養濟院為中心〉，頁44-67。

1645），針對救荒一事曾提出三項建言。其中之一是提議災荒之際官方應收養棄嬰：「有嬰兒棄地者，令地方抱送養濟院，而官發穀，令院內老嫗粥飼之，官時親察焉，嬰稚皆可活也。」[5]可見，時人仍然期待官方在恤孤上能有所作為。不過，缺乏後續記載，且晚明養濟院大多有名無實，恐難以執行。地方上，馮夢龍（1574－1646）擔任福建壽寧縣知縣時注意到「閩俗重男而輕女，壽寧亦然，生女則溺之」，為解決「壽民生女多不肯留養」的問題，他頒布〈禁溺女告示〉，呼籲鄰里相互監督、舉發，溺女者「重責三十，枷號一月」，收養棄女者則「賞三錢，以旌其善」。在婚俗上，馮氏針對禮帖、聘禮、妝奩、禮餅與嫁衣等皆詳細規範，以革除婚俗論財、嫁娶支出龐大的現象。[6]馮夢龍透過制訂法令與婚俗改革的方式，雖非創設收養機構，仍是明人解決之道之一。不過，就整體來看，明末官方的救嬰政策未成系統，馮夢龍的例子也屬鳳毛麟角，追索明末的育嬰組織，仍要從善會的脈絡談起。

　　明中葉以降，社會、經濟與政治劇烈變動，士人採取各種

5　〔明〕左懋第，《左忠貞公剩藁》（收入《四庫未收書輯刊》，第6輯第26冊，影印乾隆五十八年左彤九刻本，北京：北京出版社，2000），卷1，〈再陳救荒之議疏〉，頁13b。

6　〔明〕馮夢龍，《壽寧待志》（南京：鳳凰出版社，2007），卷上，〈風俗〉，頁30-31。關於明代方志中的溺女記敘與婚俗改革的討論，詳參林麗月，〈風俗與罪愆：明代的溺女記敘及其文化意涵〉，收入游鑑明編，《無聲之聲 II：近代中國的婦女與社會（1600-1950）》（臺北：中央研究院近代史研究所，2003），頁1-24。

方法維持社會秩序，其中之一便是行善。[7]在各種善舉中，救嬰也是其中一環，係屬「生生」思想的實踐。這些施善活動，或勸阻以防範未然，或限於短期救濟，[8]仍未見長期的救濟組織。只有在祁彪佳（1602－1645）的日記中找到一些線索。崇禎十四年（1641）六月十七日，祁彪佳與友人前往錢元登（生卒不詳）創設的保嬰局，見到「嬰孩滿堂，皆為乳哺飯食之」，深感嘆服。[9]可見，祁氏身處的紹興地區已有類似育嬰堂的機構，可惜未有更詳細的記載。就目前資料所見，崇禎年間，由蔡璉創立的揚州育嬰社具有較清晰的輪廓，是民營育嬰堂的開端，其創設與經營更延續至清代。

明末清初的育嬰機構

關於揚州育嬰社，可以從晚明大儒劉宗周（1578－1645）《人譜類記》中得到線索：

---

[7]　晚明社會變動下，士人的反應與作為，參見Cynthia J. Brokaw, *The Ledgers of Merit and Demerit: Social Change and Moral Order in Late Imperial China* (Princeton: University of Princeton, 1991); Joanna Handlin Smith, *The Art of Doing Good: Charity in Late Ming China* (Berkeley & Los Angles: University of California, 2009).

[8]　例如陳龍正提出的收棄兒法。〔明〕陳龍正，《救荒策會》（收入《四庫全書存目叢書》，史部第275冊，影印上海圖書館藏明崇禎十五年潔梁堂刻本，濟南：齊魯書社，1996），卷7，〈收棄兒法〉，頁6b-8a。

[9]　〔明〕祁彪佳，《祁忠敏公日記・小捄錄》（收入《北京圖書館珍本叢刊》，史部傳記類第20冊，北京：書目文獻出版社，1993），頁892，崇禎十四年六月十七日。

揚州蔡璉建育嬰社，募眾協舉，其法以四人共養一嬰，每人月出銀一錢五分，遇路遺子女收至社。所有貧婦領乳者，月給工食銀六錢，每逢月望，驗兒給銀，考其肥瘠，以定賞罰，三年為滿，待人領養。此法不獨恤幼，又能賑貧，免一時溺嬰之慘，興四方好善之心，世間功德莫此為甚，凡城邑村鎮皆可做行，為官司者循此勸導各方，利益更大。[10]

劉宗周作〈警溺女〉呼籲眾人能仿效蔡璉善舉，緩解溺女問題。從文中得知，揚州育嬰社的創設者為蔡璉，在部分記載中作蔡商玉、蔡連。[11]惟生卒、生平皆不詳，只可推測是明末清初時人。蔡璉以四人共同出資認養一嬰，類似晚明同善會由會友捐獻募集會費的方式，[12]展現出晚明善會的特色。另外，雇貧婦領乳並攜家哺養的養育方法，亦成為後來育嬰堂經常採取的堂外救濟。然而，強調「貧婦」即暗示乳婦的出身，故劉宗周認為育嬰社能兼具恤孤與賑貧之效，是為明末以降育嬰機構的理念。

　　創設於明崇禎年間的揚州育嬰社，在明清鼎革之際，是存或廢，由於史載闕略難以確知。直到清康熙年間，魏禧（1624－

---

[10] 〔明〕劉宗周，《人譜類記》（收入《景印文淵閣四庫全書》，第717冊，臺北：臺灣商務印書館，1987），卷下，〈考旋篇・警溺女〉，頁59。

[11] 〔清〕魏禧，《魏叔子文集》（北京：中華書局，2003），卷10，〈序・善德紀聞錄敘〉，頁517。

[12] 〔清〕余治，《得一錄》（影印同治八年得見齋刻本，臺北：華文書局，1968），卷1，〈同善會・高子忠憲公同善會規例〉，頁2b。

1681）的〈善德紀聞錄敍〉才復見揚州育嬰社的記載。魏禧曾多次遊歷揚州，聽聞善人閔世璋（字象南）已在此行善十餘年，於是為文記下閔氏的善行。閔象南原籍安徽，少時孤貧，未能求學，遂至揚州為鄉人掌計簿，後從事販鹽致富，於是廣為施善。順治十二年（1655）春天，蔡璉目睹道旁棄嬰，於心不忍，便向閔象南提起此事。於是，閔象南囑人雇募乳婦，並立社館救濟。時隔二十三年，康熙十六年（1677），魏禧與友人前往育嬰社，見到「婦人之襁乳嬰兒以來者百數十。當口者持籌唱名，給乳直與嬰之褓衣」，「嬰疾及瘡痏皆有藥」，不禁感動涕泣。魏禧的記載是連接明清之際揚州育嬰社的重要史料，並交代創設者閔象南的身分背景。從魏氏的描述可知，揚州育嬰社的運作已漸成熟，亦具有相當的規模。魏禧更說，揚州育嬰社創設二十三年來已救活三、四千口嬰兒，且帶動了浙江與北京等地的創設風氣。[13]不過，相較於明末的記載，蔡璉的背景並不清晰也非位居要角。這或許因本則史料旨在記錄閔象南的善行而非蔡璉，又或由於閔象南的財力是恢復揚州育嬰社的重要關鍵。又據雍正年間《揚州府志》記載：「順治十二年，邑人蔡璉創始，紳商李宗孔、閔世璋等倡捐。每歲捐額不敷，運史李陳常集商人公議，按年捐銀一千二百兩。」[14]此段描述或許更接近實際狀況，蔡璉與

---

[13]　〔清〕魏禧，《魏叔子文集》，卷10，〈序・善德紀聞錄敍〉，頁515-518。
[14]　〔清〕尹會一、程夢星等纂修，《（雍正）揚州府志》（影印雍正十一年刻本，臺北：成文出版社，1975），卷13，〈公署〉，頁5b。

一群紳、商共同創設育嬰社。並藉由時任兩淮鹽運使的李陳常號召商人定期捐資，以紓解經費不足的問題。

魏禧認為揚州育嬰社促使江南、京師等地創社育嬰堂。夫馬進指出，順治、康熙年間，育嬰堂有「爆炸性普及」的現象。[15] 梁其姿則認為，此時期的育嬰堂逐漸發展成具有規模的永久性機構，有「制度化」的趨勢。[16] 茲以江南、福建與京師地區擇要說明：

江南地區在晚明即是善會、善堂發軔之處，創設的時間較早，數量也較其他地區為多。順治十三年（1656），距揚州府不遠的高郵州，由生員張陽、王藻等建育嬰堂。[17] 據《（康熙）杭州府志》記載，順治年間，浙江海鹽人陸元章捐俸設立育嬰堂，並立規條管理。[18] 初步統計乾隆朝以前的方志得知，康熙年間，至少有21所育嬰堂，主要以揚州為中心逐漸向外普及（見

---

[15] 夫馬進著，伍躍、楊文信、張學鋒譯，《中國善會善堂史研究》，〈第四章·清代前期的育嬰事業〉，頁186。

[16] 梁其姿，《施善與教化：明清的慈善組織》，〈第三章·慈善組織的制度化（1655-1724）〉，頁98-99。

[17] 〔清〕尹會一、程夢星等纂修，《（雍正）揚州府志》，卷13，〈公署〉，頁15b。

[18] 杭州育嬰堂的創設年代，《（康熙）杭州府志》作順治年間，《（乾隆）杭州府志》則載康熙五年（1666），此採用較早出版者的記載。參見，〔清〕馬如龍撰，《（康熙）杭州府志》（影印日本內閣文庫藏康熙三十五年序刊本，臺北：國家圖書館漢學研究中心，1990），卷12，〈卹政〉，頁44b-45a；〔清〕鄭澐修，邵晉涵纂，《（乾隆）杭州府志》（收入《續修四庫全書》，史部政書類，第701-703冊，影印乾隆四十九年刻本，上海：上海古籍出版社，1995），卷51，〈卹政〉，35b。

圖1）。[19]如儀徵育嬰堂，康熙元年（1662）時由邑人陳玉讚租屋創建，十六年（1677）時才由地方士紳共同出資建屋。二十六年（1687）時，邑人陳章勸募擴建，知縣也捐俸補充堂役薪資。[20]京江育嬰社，在康熙十二年（1673）時，由夏爾範、張九徵（1618－1684）等人，仿揚州育嬰社之例創設。[21]蘇州、武進兩地的育嬰堂，則於康熙十五年（1676）由地方士紳捐貲、捐屋設立。[22]康熙十七年（1678），江寧府高淳縣知縣劉澤嗣捐建育嬰堂。[23]泰州育嬰堂，則在康熙六十一年（1722），由知州衛錫祚倡建，並向士紳商民勸募。[24]值得注意的是，從創設時間來看，大多集中在康熙中後期。這似與江南地區在此之前時局不穩，先是鼎革動盪，次則三藩之亂，約至康熙三十年（1691）之後，江南地區才較為穩定。其次，這些育嬰堂的創設者身份以紳、商為主，但也有地方知縣倡捐創設。紳、商與官員的捐助，多

19　〔清〕黃之雋等撰，《（乾隆）江南通志》（影印乾隆三年重修本，臺北：華文書局，1967），卷22、23，〈公署〉，總頁446-497。

20　〔清〕尹會一、程夢星等纂修，《（雍正）揚州府志》，卷13，〈公署〉，頁12b-13a。

21　〔清〕何洯等撰，《（康熙）鎮江府志》（影印日本內閣文庫藏康熙二十四年序刊本，臺北：國家圖書館漢學研究中心，1990），卷47，〈張九徵·育嬰社序〉，頁43a。

22　〔清〕雅爾哈善等修，習寯等纂，《（乾隆）蘇州府志》，卷15，〈公署三〉，頁27a；〔清〕王祖肅、楊宜侖修，虞鳴球、董潮纂，《（乾隆）武進縣志》（收入《稀見中國地方志匯刊》，第12冊，影印乾隆年間刊本，北京：中國書店，1992），卷2，〈官廨·育嬰堂〉，頁14a。

23　〔清〕黃之雋等撰，《（乾隆）江南通志》，卷22，〈公署〉，頁8a。

24　〔清〕尹會一、程夢星等纂修，《（雍正）揚州府志》，卷13，〈公署〉，頁22a。

圖1　康熙年間江南地區育嬰堂分布圖

資料來源：〔清〕黃之雋等撰，《（乾隆）江南通志》，卷22、23，〈公署〉，總
　　　　　頁446-497。

說　　明：康熙年間創設者如下，興化（康熙8年知縣創設）、鎮江（康熙12年邑
　　　　　人創設）、蘇州（康熙15年邑人創設）、武進（康熙15年邑人創設）、
　　　　　當塗（康熙15年）、高淳（康熙17年知縣創設）、通州（康熙39年）、
　　　　　合肥（康熙36年知縣創設）、通州（康熙39年）、太倉（康熙44年知縣
　　　　　創設）、溧陽（康熙45年）、南陵（康熙45年知縣創設）、丹陽（康熙
　　　　　46年邑人創設）、句容（康熙47年知縣創設）、江陰（康熙47年知縣創
　　　　　設）、上海（康熙49年邑人創設）、崇明（康熙53年邑人創設）、泰州
　　　　　（康熙61年知縣創設）、南京（康熙年間）、嘉定（康熙年間一由知縣
　　　　　創設，另一由邑人創設）等。

是建善堂、置田產房屋，或捐助金錢。另外，官員雖以私人名
義參與，但官員身分具有的影響力，仍可反映育嬰堂是在官、
民相互合作影響下的機構，呈現與明末以民間為主力的會員制
度相異的特色。

另外，福建先後經歷明清鼎革戰爭、三藩之亂與鄭氏政權，造成不小的動盪。在維生不易的情況下，人們恐無力關注其他家庭的溺女問題，影響所及，造成「無室者十人而五」的性別失衡現象。直到康熙三十八年（1699），楊汝霖注意到溺嬰造成的社會問題，便出資在松溪縣城西處建置一間房屋，專門收養棄嬰，並命名為「生生所」。不過，松溪縣知縣潘拱辰擔憂生生所難以長久經營，於是勸說地方百姓發揮善心贊助。[25]之後，康熙四十二年（1703），漳州府長泰縣知縣易永元將旌善亭改建為育嬰堂，[26]四十五年（1706）時，汀州府清流縣知縣王國祚也設立育嬰堂。[27]值得注意的是，長久以來有溺女問題的福建，有清一代共創設七十九所育嬰堂，數量上次於江蘇、浙江兩地，但高於其他省份，且康熙、雍正與乾隆三朝即有五十五所之多。[28]尤其，福建的創設時間雖較江南地區為晚，但不到十年之間（1699-1706）已設立三所，且以地方知縣開辦者為多，又有由官署改建者，與江南地區的情形略有差異，亦凸顯不同社會背景下，育嬰堂的發展實各有特色。

---

25 〔清〕潘拱辰等纂修，《（康熙）松溪縣志》（影印民國十七年重刊本，臺北：成文出版社，1975），卷10，〈藝文志・生生所記〉，頁84。

26 〔清〕李維鈺原本，沈定均續修，吳聯薰增纂，《（光緒）漳州府志》（收入《中國地方志集成・福建府縣志輯》，第29冊，影印光緒三年芝山書院刻本，上海：上海書店出版社，2000），卷6，〈規制〉，頁28。

27 〔清〕李拔等纂，曾瑛等修，《（乾隆）汀州府志》（影印乾隆十七年修，同治六年刊本，臺北：成文出版社，1967），卷10，〈恤政〉，頁65b。

28 統計資料參見梁其姿，《施善與教化：明清的慈善組織》，〈附錄〉，頁259-284。但筆者檢索《松溪縣志》等37種福建方志，共計有80所育嬰堂。

至於清人認為首開創設風氣的京師育嬰堂，實設立於康熙元年（1662）。趙吉士（1628－1706）於康熙四十一年（1702）寫成的〈育嬰堂碑記〉，針對創設經過及經費來源有較詳細的描述。碑文首句曰：「育嬰堂在長安廣渠門內，夕照寺之西。金相國之俊、胡學士兆龍創始。而中間潤澤之則馮相國溥、龔宗伯鼎孳、姚司寇文然、家僉憲之符，數十年來樂施不倦。」上述諸人分別是金之俊（1593－1670）、胡兆龍（1627－1663）、馮溥（1609－1691）、龔鼎孳（1615－1673）、姚文然（1615－1673）與趙之符，皆為京官。趙吉士又提到居於夕照寺內的一名道人柴世盛。順治年間，柴氏已開始收埋無主骨骸，並注意到京城「旗民難居，多有棄子者」，遂募建育嬰堂。到了康熙元年，柴世盛獲得金之俊、胡兆龍二人的幫助，育嬰堂終告落成，且「規模宏敞」、「條例委悉」。柴世盛為求經費不輟，於是請諸紳置燒窯，販賣陶器，並出租街屋，收取租金。在柴世盛、金之俊與胡兆龍相繼過世後，則由馮溥等人繼續維持。投入京師育嬰堂經營者，以官員為主。又如趙吉士所說：「要非宦都諸紳有以成之，不至此。」[29]

　　康熙四十四年（1705），聖祖南巡時，特賜蘇州育嬰堂「廣慈保赤」匾額。[30]隔年（1706），左副都御史周清原，奏請

---

[29] 北京圖書館金石組編，《北京圖書館藏中國歷代石刻拓本匯編》（第66冊，鄭州：中州古籍出版社，1990），〈趙吉士・育嬰堂碑記〉，頁4。
[30] 《清實錄・聖祖仁皇帝實錄》（北京：中華書局，1985），卷220，頁219下，康熙四十四年四月己卯條。

應於直隸、各省建立育嬰堂以廣皇仁。康熙皇帝雖應允周清原的提議，卻未在各地產生很大的影響，較顯著的改變應發生於雍正年間。不過，就上述討論，育嬰堂已經開始購屋置產，尋求長久經營之計，逐漸制度化，此一趨勢也影響救濟方式從堂外走向堂內。

「道婆之政」：雍正二年（1724）的諭令

雍正二年（1724），雍正帝針對普濟堂、育嬰堂的諭令，對善堂的發展產生關鍵性的影響，促使育嬰堂、普濟堂在各地普遍設立。據《清實錄》雍正二年閏四月癸未條載：

> 京師廣寧門外，向有普濟堂，凡老疾無依之人，每棲息於此。司其事者，樂善不倦，殊為可嘉。聖祖仁皇帝曾賜額立碑，以旌好義。爾等均有地方之責，宜時加獎勸以鼓舞之。但年力尚壯及游手好閒之人，不得借名混入其中，以長浮惰而生事端。
>
> 又聞廣渠門內，有育嬰堂一區，凡孩稺之不能養育者，收留於此，數十年來，成立者頗眾。夫養少存孤，載於《月令》，與扶衰恤老，同一善舉，為世俗之所難，朕心嘉悅，特頒匾額，并賜白金爾等，其宣示朕懷，使之益加鼓勵。再行文各省督撫，轉飭有司，勸募好善之人，於通都

大邑人煙稠集之處，照京師例推而行之。[31]

針對本則諭令，學者指出，雍正帝的本意並不是要地方官投入
善堂的經營，只要他們「勸募好善之人」，在地方上設立、經
營育嬰堂與普濟堂。主要是為展現皇帝的仁愛形象，並將近百
年來由地方紳商經營的善會善堂，納入國家惠政的一環，其象
徵意義大於實際意義。[32]尤其，雍正十二年（1734），署理江南
總督印務趙弘恩（？－1758）上奏，欲重整江寧府（南京）育
嬰、普濟堂一事。趙氏指出，「省城育嬰堂有名無實，普濟堂
並未設立」，謹遵雍正二年諭旨，動支江西鹽規，置建房屋、
田產。又督促官員捐資，作為薪水、食用、藥餌與衣服之用，
再請好善士紳「代為經理」。但雍正皇帝的朱批指出：「好，
應為者。然此亦不過道婆之政，非急務也。」[33]此則史料成為上
述論點的重要佐證。

　　趙弘恩雖曰遵照「雍正二年諭旨」，但對照雍正帝朱批，似
有意重申雍正二年諭旨的意義。另外，「士紳代為經理」一語，

---

[31] 《清實錄‧世宗憲皇帝實錄》（北京：中華書局，1985），卷19，頁312，雍正
二年閏四月癸未條。
[32] 夫馬進著，伍躍、楊文信、張學鋒譯，《中國善會善堂史研究》，〈第八章‧善
堂的官營化與善舉的繇役化──由普濟堂的經營看國家與社會〉，頁421-424；
梁其姿，《施善與教化：明清的慈善組織》，〈第三章‧慈善組織的制度化
（1655-1724）〉，頁96-101。
[33] 國立故宮博物院編，《宮中檔雍正朝奏摺》（臺北：國立故宮博物院，1979），
第22輯，頁610-611，〈署理江南總督印務趙弘恩‧奏報地方政務情形〉，雍正
十二年二月十八日。

則透露出趙弘恩認為南京育嬰堂是官方機構，士紳主要是代理官方經營，皇帝旨意與官員理解之間似有落差。又就結果來看，諭令發布後，地方官員紛紛下令在各州縣設立育嬰堂與普濟堂，將全國善堂的創設數量推向高峰。學者也認為，官方勢力逐漸滲透其中，形成「官營化」（或稱「官僚化」），即官方影響力增強，並介入內部經營的過程。然而，雍正皇帝及士紳的態度如何？又何以會造成大量創建善堂的結果？

　　雍正二年的諭令，除了見於《清實錄》、《起居注》外，[34]同年，雍正皇帝曾作〈育嬰堂碑文〉立於京師育嬰堂，更收入《世宗憲皇帝御製文集》，足見其重要性，惟前輩學者未加注意，值得進一步細究。碑文首段，雍正帝先據《周禮》、《禮記》指出慈幼、養孤乃國君仁政，並表達對生子而無力親養者的哀憐。又曰：

> 京師廣渠門內舊有育嬰堂一區，以字遺稚。顧其規制未備，所存濟者尚少。朕用錫之題額以重其事，又賜帑金，特諭府尹重加經理，公卿士庶多有捐資為善者。凡乳保醫療之人，寒暑衾服之具，施設周詳，行之可久。孔子曰：「大道之行也，人不獨親其親，不獨子其子。」言孝慈之道廣也。《詩》曰：「商邑翼翼，四方之極。」言京師

34　起居注見中國第一歷史檔案館編，《雍正朝起居注冊》（北京：中華書局，1993），頁241-242，雍正二年五月十三日乙卯條。

者四方之表也。誠使九州之內，自通都大邑至於市鎮繁富
之所，郡縣長吏各殫厥心，倣此而推行之。倡好義之士，
弘恤孤之政，豈惟保抱携持，幼得所養，而人人興起其仁
心，喜於為善，則老安少懷，風俗益臻醇茂，斯朕之所厚
望也夫。[35]

這段碑文透露許多重要訊息：雍正帝先令順天府府尹重加經理京
師育嬰堂，又指示堂中應雇乳母、醫療人員，備妥寒暑衣被，
方可長久經營。一方面，京師育嬰堂雖有不少官員以私人名義
參與，但奉雍正皇帝命令以官員身份經理，顯示官方力量將投
入育嬰堂的經營，是一重要的轉變。另一方面，雍正帝關注人
員、衣物等內部運作的細節，則凸顯出雍正帝對京師育嬰堂的
關注。文中「京師者四方之表也」，似為雍正帝如此重視的原
因，此舉也提升京師育嬰堂的重要性。碑文末段要地方官員於
通都大邑、市鎮繁富之處，仿效京師之例推廣施行，明顯與諭
令中「勸募」的態度不同。相較之下，〈育嬰堂碑文〉更展現
雍正帝對京師育嬰堂的重視。雍正八年（1730），世宗又「賜
帑銀千五百兩，令置立產業，每年約收租銀六百餘兩。又養濟
院每年餘剩孤貧口糧，分撥育嬰堂銀二百餘兩，合銀八百餘

---

[35] 〔清〕清世宗御製，《世宗憲皇帝御製文集》（收入《景印文淵閣四庫全書》，
第1300冊，臺北：台灣商務印書館，1983），卷14，〈碑文·育嬰堂碑文〉，頁
4a-5a。

兩。及一年捐助之銀，每歲支銷款項，均歸順天府查覈。」[36]雍正帝除了賜金、令置產業外，也明確指出順天府應負查核經費之責。

不過，雍正十二年時在趙弘恩奏摺硃批的「道婆之政」一語，顯示雍正帝對地方官員介入育嬰堂的態度似有轉變。可惜的是，趙弘恩的文集並未留下更多關於育嬰堂的訊息。或許正因京師為四方之表，才凸顯京師育嬰堂的特殊性。其他地區的地方官員只需盡到勸募、監督之責，避免破壞長期以來地方士紳在善會、善堂的角色與分工，並增加官吏舞弊的機會。[37]另外，從上述討論可以推知，清人認為京師育嬰堂首開創設風氣之說，應是在雍正二年以後逐漸形成。直到乾隆年間《欽定大清會典則例》，才有「康熙元年，於京師廣渠門內建立育嬰堂」的記載，[38]也可說明這項轉變。

雍正二年諭令的影響甚大，時人如何理解這則諭令？學者普遍認為「道婆之政」是雍正帝對慈善組織的態度，然則士人的態度又是如何？王鳴盛（1722－1798）〈嘉定縣移建育嬰堂記〉一文主要記錄乾隆二十九年（1764）江蘇嘉定縣育嬰堂移建一事。

---

[36] 〔清〕允祹等奉敕撰，《欽定大清會典則例‧乾隆朝》（收入《景印文淵閣四庫全書》，第621冊，台北：台灣商務印書館，1983），卷53，〈戶部‧蠲卹〉，頁81b-82a。

[37] 梁其姿，《施善與教化：明清的慈善組織》，〈第三章‧慈善組織的制度化（1655-1724）〉，頁98-99。

[38] 〔清〕允祹等奉敕撰，《欽定大清會典則例‧乾隆朝》，卷53，〈戶部‧蠲卹〉，頁81a。

王氏一再強調嘉定育嬰堂的新址,位於四通八達之處,係遵照世宗諭旨而行。其言曰:

> 予又伏讀皇考世宗上諭,因京師廣寧、廣渠諸門有育嬰
> 堂,敕郡邑未建者悉補建。又必擇通都大邑人煙稠集之處
> 行之。然則堂之移于此,不特協經義,亦遵綸言也。[39]

由此可見,王鳴盛認為世宗的上諭有兩個重點:第一是地方府縣
未設育嬰堂者應補建,第二是育嬰堂應創設於通都大邑、人煙稠
集之處。王鳴盛的論述難以確知其普遍性,但第一點確實可以視
為雍正朝以後地方官員大量創設育嬰堂的原因之一,對促進該諭
令及其效應的理解大有助益。

梁其姿曾以天主教徒徐光啟(1526-1641)的外曾孫許纘曾
(1627-?)為例,說明士人對慈善組織的態度,其中論述恐有
值得商榷之處。康熙十二年(1673),許纘曾返鄉松江,次年
(1674)在母親督促下創設育嬰堂。當地知府魯超向纘曾表明,
創建育嬰堂亦為其母願望,遂向地方官紳勸捐。梁其姿認為,許
纘曾與魯超藉由孝順母親之名創設育嬰堂,顯示士人不應該主動
從事婦人慈仁之事。這種態度與雍正帝所言「道婆之政」相同,

---

[39] 〔清〕王鳴盛,《西莊始存稿》(收入《嘉定王鳴盛全集》,第十冊,北京:中
華書局,2000),卷18,〈記·嘉定縣移建育嬰堂記〉,頁329-330。

慈善事業不過是「軟性的非急務」。[40]不過，許纘曾及其母親皆為天主教徒，他們投入慈善事業的宗教因素不應忽略。[41]且就本書所見育嬰堂記、序與碑文，以母之名的行善動機並不常見，士人上溯先秦典籍與歷代的保幼養孤之政才是大宗，[42]前述雍正帝的〈育嬰堂碑記〉亦是如此。回溯晚明以來的善會，亦多強調儒家「善與人同」、「與人為善」的思想。[43]可見皇帝與士紳應將創設育嬰堂視為儒家保赤思想的實踐，更是帝王仁政的展現。據此，便不能將育嬰堂與軟性的非急務連結。

---

[40] 梁其姿，《施善與教化：明清的慈善組織》，〈第三章・慈善組織的制度化（1655-1724）〉，頁99-101。史料詳參方豪，《中國天主教史人物傳第二冊》（香港：香港公教真理學會，1970），〈許纘曾〉，頁71-80。

[41] 許纘曾母親行善事蹟參見，方豪，《中國天主教史人物傳第二冊》，〈許母徐太夫人〉，頁65-70。

[42] 上溯先秦典籍、歷代慈幼之政者，茲舉下例：〈張遇恩記（蘇州育嬰堂）〉曰：「嘗考《周禮・大司徒》：『以保息六養萬民，一曰慈幼。』鄭康成注：『與之母，與之餼，是也。』《王制》：『幼而無父者有常餼。』《月令》：『仲春養幼少存諸孤。』……唐元和三年（808）詔，嬰兒無親屬及有子不能養者，廩給之。宋淳祐九年（1249）詔，給官田五百畝，創慈幼局，收養遺棄嬰兒，其法猶近古。……（清）世祖皇帝講筵之餘，獨嚴溺女之禁，禁立而育嬰始，育嬰者所以體窮民不得已之心，轉溺為棄，而予以生全也。雖在官無常餼，太皇太后首頒祿米，滿漢諸臣相侭助，不數年由京師以逮，郡邑俱有成效，於是棄者有所歸，而溺者頓息，誠所以宣皇澤於無窮也。」〈張渠・移建（蘇州）育嬰堂記〉曰：「《周官》著慈幼之條，《月令》記存孤之典，良法美意，由來尚矣。」詳見〔清〕雅爾哈善等修，習寯等纂，《（乾隆）蘇州府志》，卷15，〈張遇恩記〉、〈張渠・移建育嬰堂記〉，頁27b-29a。〈新訂（江寧）普育四堂規條序〉：「養老疾，存幼孤，仁政之大者也，其要見於《詩》、《書》，其詳載於《周禮》，以及《管子》〈四時〉、〈入國〉等篇，蓋備言之矣。」詳見〔清〕呂燕昭修，姚鼐纂，《（嘉慶）重刊江寧府志》（影印嘉慶十六年修，光緒六年刊本，臺北：成文出版社，1974），卷12，〈建置・育嬰堂・新訂普育四堂規條序〉，頁16a。

[43] 〔清〕余治，《得一錄》，卷1，〈同善會章程〉，頁1a-2b。

官營化的影響

雍正、乾隆年間，育嬰堂的創設數量大約有320所，雍正年間（1723-1735）即有160所，[44]可見雍正二年的諭令是影響育嬰堂發展的關鍵。官方的力量更趨顯著，形成官辦、民辦等多元型態並立的結果，前輩學者又將官方勢力介入民營育嬰堂的過程稱為「官營化」。

官方的影響主要在經費與堂務兩大方面。在經費方面，官方的津貼主要在分撥官舍、公田與地方稅收等項。雍正朝以後，中央的挹注漸成定例，之後多是延續辦理。雍正十三年（1735）八月清世宗崩殂，乾隆皇帝即位。十二月時，乾隆皇帝賜銀五百兩資助京師育嬰堂與普濟堂，既延續雍正帝的善行，也彰顯新君恩澤。[45]此外根據乾隆朝實錄中育嬰堂的記載，多是奏請以鹽規銀、官房地租等公銀作為育嬰堂的經費，或上呈善堂之間經費的流通與運用情形。[46]乾隆朝《欽定戶部則例》中，則明訂京師及

---

[44] 統計資料參見梁其姿，《施善與教化：明清的慈善組織》，〈附錄〉，頁259-284。

[45] 《清實錄·高宗純皇帝實錄》（北京：中華書局，1985），卷9，頁332上，雍正十三年十二月下庚寅條。

[46] 參見《清實錄·高宗純皇帝實錄》，卷13，頁380上，乾隆元年二月下癸未條：「工部左侍郎王鈞奏，前於豐潤、霸州、營成稻田一百頃有奇，請交直隸總督李衛招佃納糧，或為書院士子膏火之資，或充普濟堂育嬰堂等用。」卷205，頁647下，乾隆八年十一月下己酉條：「又奏請汀州府城添設育嬰堂，每年需費二千餘兩，於所屬各縣應繳鹽規內支用。」卷763，頁388，乾隆三十一年六月下戊辰條：「閩浙總督署福建巡撫蘇昌奏，閩省設普濟、育嬰二堂，係鹽羡、生息、鹽折、租銀、田租、變價等項，每年約得銀三千餘兩通融支給。育嬰堂向無定額，

江西、福建、浙江、湖北、廣東、雲南與貴州各省省城育嬰堂，
每年應從「典商生息銀兩」、「鹽羨」、「田產租息」或「歸公
銅價」中撥給育嬰堂的經費數額，以及堂役的報酬與堂嬰的待
遇。[47]後來，這些規範也收入嘉慶、光緒朝的《欽定大清會典事
例》。[48]

　　不過，育嬰堂的經費並非只有單一來源。福建漳州府的龍溪
育嬰堂，經費除了田租、稅收外，並有將現金交給鹽商生息，與
其位處商業發達的漳州府有很大關係。其經費來源除了官府公費
外，還有來自地方官員、士紳、商人與一般百姓的捐獻。[49]又如
揚州育嬰堂，兩淮鹽規一直是重要的經費來源，即使雍正朝改革
鹽政，仍保留此一款項。[50]

　　官方力量的參與除了展現在經費的挹注外，在堂務方面亦

　　　每年約支銷銀二千兩。」
[47] 〔清〕于敏中等纂修，《欽定戶部則例（乾隆朝）》（收入《清代各部院則
　　　例》，第7冊，香港：蝠池書院出版有限公司，2004），卷117，〈蠲卹〉，頁
　　　6a-10a。
[48] 〔清〕托津等奉敕纂修，《欽定大清會典事例‧嘉慶朝》，卷216，〈戶部‧蠲
　　　卹‧養幼孤〉，頁11a-13b；〔清〕崑岡等奉敕著，《欽定大清會典事例‧光緒
　　　朝》（臺北：啟文出版社，1963），〈戶部‧蠲卹五〉，頁15a-19b。
[49] 〔清〕吳宜燮修，黃惠等纂，《（乾隆）龍溪縣志》（影印乾隆二十七年修，光
　　　緒五年補刊本，臺北：成文出版社，1967），卷9，〈卹政〉，頁3b-4a，曰：
　　　「乾隆十八年，海澄公黃仕簡捐平和縣西山等處租穀四百一十石一斗零，又諸紳
　　　士捐助銀存七百四十兩，交鹽商林興泮生息，以供公需。二十六年，知縣吳宜燮
　　　以經費不敷，倡捐銀二千六百餘兩。除還借款、墊用外，尚存一千四百餘兩，內
　　　撥一千兩並前七百兩交林商生息，所剩四百餘兩存庫充用。又里人林編捐田穀七
　　　石二斗。漳屬七邑鹽商，每年共捐番銀三百一十員。龍溪稅當九十九戶，每年共
　　　捐番銀二百九十七員，華對牙戶每年捐銀五十員。」
[50] 〔清〕尹會一、程夢星等纂修，《（雍正）揚州府志》，卷13，〈公署〉，頁5b。

有不小助益。如揚州育嬰堂獲得資助後得以擴充規模，蘇州育嬰堂則藉由官僚力量革除堂務弊端，江寧育嬰堂則是制度上的變革轉為官辦機構。[51]可見，育嬰堂的經營實需透過多方力量共同維持。其中，國家與地方的關係十分緊密，不同地區隨著官、民力量的強弱，發展出不同的情況。

官營化之後，地方官員、經營者或未實心辦理，或因循舊例，也引發不少問題。此外善堂乃起源於地方善會，地方士紳面對官方力量的介入，產生哪些議論，也是一個重要的課題。乾隆年間寫成的戲曲《育嬰堂新劇》，主要描述清初柴世盛創設京師育嬰堂的過程，以及後續經營的狀況。《育嬰堂新劇》雖為傳奇戲曲又有不少神怪情節，但就其描述育嬰堂的經營與運作來看，符合地方志、官箴書記載，應可略補官方文獻的不足。[52]在第十齣〈公私會議〉中，描述皇帝諭令頒佈後，順天府尹與地方士紳商議育嬰堂是否歸公辦理。其文曰：

〔扮順天府尹〕前蒙聖恩，兩次賞給育嬰堂銀子一千兩，這些紳士，見有「順天府尹知悉」六個字，日日求將此舉

---

[51] 梁其姿，《施善與教化：明清的慈善組織》，〈第四章‧慈善機構的「官僚化」（1724-1796）〉，頁105-110。

[52] 《育嬰堂新劇》的情節雖有虛構，但大致符合史載京師育嬰堂的創設過程。考其成書時間，據文中徵引雍正、乾隆二帝的諭令，鈔本末又有崔應階（1699－1780）的題識，推測應是成於乾隆年間。〔清〕不著撰人，《育嬰堂新劇》（收入《日本所藏稀見中國戲曲文獻叢刊》，第2輯，第27冊，影印日本大谷大學圖書館藏鈔本，桂林：廣西師範大學出版社，2016），頁360-478。

歸公辦理，你想天下事歸公辦理者，那一件辦得妥貼。……殊不知一個順天府尹，三十六州縣，若能件件事留心，這順天府尹，忙也忙死了。我如今不過總其大概，些些小事，少不得出自胥吏之手，育嬰堂事，如何交與他們照管。[53]

眾人商議之後，京師育嬰堂決議交由官派的胥吏管理。不過，官派的管事人胡作非為，「房租地畝，任意揮霍，善會分金，全歸囊橐」，致使「小孩子們死的死，人家抱去的抱去，奶娘們大家逃散」，不久堂內眾人就要餓死。[54]雖是戲曲腳本，但就前此討論育嬰堂的發展來看，應是育嬰堂可能面臨的狀況。劇中對白直指官方介入育嬰堂的缺點，亦是地方志書少見的記載。官方勢力進入育嬰堂後，雖增加規模、擴充經費，貪污舞弊卻成為亟待解決的問題。皇帝或重申善堂的救濟用意，或派員嚴加稽查，或告誡官員謹慎用人，或下令訂立章程管理，但成效似乎不彰，成為育嬰堂經營上的一大困難。

保嬰會、儒生化與社區化：清中葉以降的育嬰機構

清代中葉以後育嬰堂逐漸受到衝擊，大致可歸因於三方面之影響：國內局勢、教案問題與育嬰堂救濟的缺失。首先，清中

53　〔清〕不著撰人，《育嬰堂新劇》，頁409-410。
54　〔清〕不著撰人，《育嬰堂新劇》，頁432。

葉以降亂事頻繁，綿延道光、咸豐、同治三朝的太平天國事件
（1851－1861），及繼之而起的捻軍（1853－1868），皆造成社
會動盪。尤其江南地區的育嬰堂受到極大破壞，揚州育嬰堂便毀
於咸豐三年（1853）戰事。[55]在亂事平息後，善堂則肩負善後之
責。同治六年（1867），穆宗指示應多設育嬰堂，收養因捻亂而
流離失所的孤幼，並解決亂世時的棄溺子女問題。[56]其次，育嬰
堂問題亦是引發晚清教案的原因之一。當時社會上流傳，傳教
士設立育嬰堂，是為迷拐孩童並以幼體入藥。民眾聞此，群情
激憤，燒毀教堂的事件層出不窮。[57]光緒皇帝認為，「現在教案
繁興，半由各國育嬰起釁，若使地方官籌辦盡善，自可隱杜亂
萌。」[58]

　　育嬰堂救濟成效不彰及其管理的腐敗，導致堂嬰高死亡率
與高生病率的問題，乾嘉時期已深受詬病，直至19世紀仍未顯著
改善，更有「殺嬰堂」之批評。[59]為此，士紳或建立新的救嬰系
統，或創設新型態的育嬰組織，力圖解決長期積累的弊病。首

55　〔清〕王安定纂，《（光緒）兩淮鹽法志》（收入《續修四庫全書》，史部政書
　　類，第842-845冊，影印光緒三十一年刻本，上海：上海古籍出版社，1997），
　　卷152，〈雜紀門・善舉・善堂〉，頁12b。
56　《清實錄・穆宗毅皇帝實錄》（北京：中華書局，1985），卷202，頁601，同治
　　六年五月上甲寅條。
57　呂實強，《中國官紳反教的原因（1860－1874）》（臺北：中國學術著作獎助委
　　員會，1966），頁139-144。
58　《清實錄・德宗景皇帝實錄》（北京：中華書局，1985），卷301，頁984下，光
　　緒十七年九月甲戌條。
59　梁其姿，〈19世紀中國的嬰孩救濟機構〉，收入梁其姿，《變中謀穩：明清至近
　　代的啟蒙教育與施善濟貧》，頁130。

先，士紳為彌補城市育嬰堂難以顧及偏遠鄉村的新生兒，遂在小型城鎮設立「留嬰堂」、「接嬰堂」等中繼機構，為鄉民轉送嬰孩至城市的育嬰堂。[60]其次，新型態的育嬰組織則始於道光二十三年（1843）無錫士紳余治（1809－1874）創設的保嬰會。余治指出，育嬰堂多設於邑城，「四鄉窵遠，跋涉為艱」，鄉村的貧窮家庭往往生即淹斃。即使有救嬰網絡可以支援，但長途跋涉，幼兒難以保全。因此創設保嬰會，酌助錢米，令其自養，以補育嬰堂不足。[61]無錫保嬰會創設後，得到士紳迴響，「江邑青暘等鎮，及本邑陡門秦巷，均有善士倣照侶行。」[62]道光二十七年（1847），浙江士紳趙鉞（1782－？）上呈至省，呼籲仿照余治保嬰會規條，廣為創設。[63]太平天國事件之後，中繼育嬰機構與保嬰會的數量增長。學者認為，此時救助的重點已轉往棄嬰的家庭，而非投注於棄嬰與乳婦身上，主要在維護儒家家庭制度的理想，具有「儒生化」的特質。[64]至於，育嬰機構的創設地點從大型城市往城鎮鄉村延伸，則是「小社區」型態的發展。[65]

---

[60] 梁其姿，〈19世紀中國的嬰孩救濟機構〉，收入梁其姿，《變中謀穩：明清至近代的啓蒙教育與施善濟貧》，頁131-132。

[61] 〔清〕余治，《得一錄》，卷2，〈保嬰會規條・保嬰會緣起〉，頁1a-2a。

[62] 〔清〕余治，《得一錄》，卷2，〈保嬰會規條・規條〉，頁6。

[63] 〔清〕余治，《得一錄》，卷2，〈保嬰會規條・浙江紳士趙鉞請通飭保嬰會呈稿〉，頁11a-12b。

[64] 梁其姿，《施善與教化：明清的慈善組織》，〈第五章・乾隆中期以來慈善機構的「儒生化」——惜字會與清節堂的例子〉，頁173。

[65] 梁其姿，《施善與教化：明清的慈善組織》，〈第六章・嘉慶以來慈善組織與小

循此趨勢，保嬰會是否取代育嬰堂？就筆者搜檢方志所見，大約在清代中晚期時，育嬰堂會同時採取多種救濟方式的經營模式。例如，《（光緒）善化縣志》載，善化育嬰堂除了採行堂養、寄養外，又採自養之法，即交由母親自乳，且每月給與六百文錢，即保嬰會的救濟方式。[66]《（光緒）武進陽湖縣志》也記載，堂嬰除交由內、外堂乳婦哺養外，又增加貧婦自乳的方法，並比照外堂乳婦待遇，給予工食衣物。[67]至於保嬰會、接嬰堂等小型育嬰機構，仍有收容棄嬰、孤兒，並聘僱乳婦照護的例子。[68]總之，育嬰堂為能彌補救濟的缺失，會同時採行堂內、堂外與自養三種方式；保嬰會為處理鄉鎮地區的棄嬰，仍需聘僱乳婦乳養；接嬰、留嬰堂亦須依賴乳婦哺育堂嬰，並轉送至城市中的育嬰堂。據此，吾人可以對清中晚期育嬰機構的圖像有更多認識，即使學者提出「儒生化」與「社區化」的趨勢，但不同地區與規模的育嬰機構仍呈現出多樣化的經營模式，並非普遍認知中從育嬰堂到保嬰會，以此代彼的發展。

社區的發展〉，頁199-202。

66　〔清〕吳兆熙，張先掄修纂，《（光緒）善化縣志》（影印湖南圖書館藏光緒二年本，長沙：嶽麓書社，1975），卷10，〈保息・育嬰堂〉，頁2b-3a。

67　〔清〕王其塗等修，湯成烈等纂，《（光緒）武進陽湖縣志》（影印光緒三十二年重印本，臺北：臺灣學生書局，1968），卷3，〈善堂〉，頁6a。

68　〔清〕余治，《得一錄》，卷2，〈保嬰會規條・規條〉，頁3b。

第二節　育嬰堂的經營與人事編制

　　育嬰堂的人事編制涉及經營與運作的方式，又因規模大小、經費多寡等因素而有所差異。前輩學者多受限於史料零散未多著墨，惟夫馬進運用同治八、九年（1869-1870）的松江育嬰堂徵信錄，梳理松江育嬰堂的人事制度，觀察自嘉慶、光緒至同治時期制度上的變化。從中得知，育嬰堂的人事編制隨管理方式不同進行改動，內部分工則愈趨細緻，舉凡經費收支、收嬰、庶務、醫藥等皆各有專司，亦見經營方式與人事編制之間的關聯與彈性。[69] 但是，人員的任用、職掌，文中未加討論，是否具有階層關係又因史載缺略亦難以得知。不過，在民國四年（1915），一份揚州育嬰堂的調查報告中，將人員分為「職員」與「僕役」二類，[70] 似乎反映出人員之間仍有區別，不可同等視之。

「各有專司」：管理制度與人事組織的形成

　　明末的揚州育嬰社係採用「四人共養一嬰，每人月出銀一錢五分」的方法經營。[71] 但管理制度不得而知，是否設置管理者，

69　夫馬進著，伍躍、楊文信、張學鋒譯，《中國善會善堂史研究》，〈第五章‧清代松江育嬰堂的經營實況與地方社會〉，頁231-238。
70　兩淮鹽運使署，〈調查揚州育嬰堂經費人數辦法一覽表〉，《淮鹺月報》，14（1915），無頁碼。
71　〔明〕劉宗周，《人譜類記》，卷下，〈考旋篇‧警溺女〉，頁59。

或由蔡璉獨自負責？參照同時同善會的運作方式，高攀龍與陳龍正皆是以季為單位，每季有一名主會，由會友共同推選，凡「素行端潔、料理精明」，有無功名者皆可擔任，但不支薪水。主會負責主持該季聚會與收散會費事宜，並將該季救助者之姓名、救助銀兩登籍刊刻，傳送會友，再交接下一季的主會。會友主要從旁協助庶務，並稽查救助者身份是否符合救濟標準。由於主會是輪流擔任，彼此之間並未有主從、上下之分。此種會員制度是晚明善會典型的運作方式，與當時俗世佛教社群放生社的組織型態若合符節。[72]反映近世以降，在儒、釋、道三教揉合下，慈善組織具有的思想資源十分多元。

　　復創於順治十二年（1655）的揚州育嬰社，因順治十六年（1659）海盜侵擾江南地區，社員紛紛逃竄，蔡璉獨自肩負經營重責數月。不久，有的社員遷居他處，又或家道中落，使得經費難以為繼。閔象南遂規定「人直一月之條」，由社員輪流擔任「直人」（值人）一個月，負責籌措該月不足的經費。[73]此種社

---

[72] 明末清初的放生社大多由僧人、居士文人（修習佛法的士人）與善人等創辦，社員每月需繳納固定會費，並輪流擔任「會首」，負責統籌每月的放生活動與經費收支等事務。關於明末清初江南地區放生社的組織與運作，參見蔡淑芳，〈明末清初江南的放生活動〉（臺北：國立臺灣師範大學歷史研究所碩士論文，2004），第三章「明末清初放生社群的組織及其運作」，頁74-106。夫馬進認為明末清初與宋代的放生會不能混為一談。明清的放生會具有結社性質，採行會員制度、需定期繳納會費，並進行勸善演說，更加接近同時代以儒家「生生思想」為主張的同善會，反映出兩者是盛行於一個「佛儒混合」的時代。參見夫馬進著，伍躍、楊文信、張學鋒譯，《中國善會善堂史研究》，〈第三章‧善會、善堂的開端〉，頁126-138。

[73] 〔清〕魏禧，《魏叔子文集》，卷10，〈序‧善德紀聞錄敘〉，頁518。

員輪流主事的方式，即是輪值制。梁其姿認為，輪值制是受中古俗世佛教組織影響。[74]但是，依據上段討論同善會的運作方式得知，「人直一月」之制，實與晚明善會的會員制相似。因此，僅強調輪值制與中古佛教結社的聯繫，將會忽略明清善會、善堂組織型態一脈相承的時代意義。

康熙年間的官員黃六鴻，曾任山東郯城及河北東光知縣。黃氏著有《福惠全書》，約成書於康熙三十三年（1694），主要在指導地方官員治理地方事務。黃六鴻認為，育嬰堂應「延請紳衿，好義者董其事，父母官捐俸倡首，而寮佐、紳衿、富民樂助之」。黃氏以地方官員的立場，規劃育嬰堂的運作方式，主張地方官應盡提倡之責，實際的經營則交由地方士紳，並採行輪值制。其規定稱，「每年十二人為會首，每月輪一人，每值一月之事。」又因會首「未暇夙昔在堂」，故需「聘選一老成有德者，居住本堂，不離時刻，以便照管本堂一切諸務」。[75]值得注意的是，黃六鴻主張會首按月輪值，卻又另聘一名住堂管事，該名管事需處理各項堂務，承擔原屬值月會首的工作，但住堂管事為有給職，是由會首聘僱的職員。可見，黃氏再輪值制的基礎上又稍加調整。

---

[74] 梁其姿，《施善與教化：明清的慈善組織》，〈第三章·慈善組織的制度化（1655-1724）〉，頁80。

[75] 〔清〕黃六鴻，《福惠全書》（收入《官箴書集成》，第3冊，影印康熙三十八年金陵濂溪書屋刊本，合肥：黃山書社，1997），卷31，〈庶政部·育養嬰兒〉，頁16b。

另一管理制度是董事制，係由一至數人負責處理堂務數年。學者認為清初以輪值制為主，約至乾隆時期才廣為採行董事制，是官方為便於控制育嬰堂的結果，即官營化的影響。陳宏謀（1696-1771）所制定的育嬰堂條規可視為典型代表。[76]在其〈育嬰堂條規事宜冊〉第一條即是設立「堂長」與「司事」。陳宏謀主張：「今應仍設堂長一人，令府縣慎選品行端方、老成好善、家道殷實之士，毋論貢、監生員，許紳衿公舉，報明入堂。」是由一人管理堂務三年的董事制度。擔任堂長者，肩負「經管、稽查、監放」之責，即管理堂務，檢查堂嬰、乳婦，監督並發放乳婦、堂役等人的工食。堂長仍屬無給職，惟地方官每月給紙筆銀一兩以表敬意。堂長三年期滿，倘若實心料理堂務，經地方官府查實上奏，給與匾額獎勵。另外，陳宏謀主張設一名有給職的司事。司事由地方官府揀選「誠實良善」者充當，主要「協同堂長照管一切事務，每月給銀六錢」，任期同為三年。[77]

　　比較黃六鴻與陳宏謀的育嬰堂條規，雖同以地方官員的角度規劃，但仍有相異之處。就人事組織來看，兩人皆在會首與堂長外，另設一名有給職的管事或司事，顯示育嬰堂的人事已逐漸複雜。這可能是規模擴大，堂務日漸繁重，難由會首、堂長或董事們承擔的結果。相異的是，雍乾時期的陳宏謀，其條規中官方力

---

[76] 梁其姿，《施善與教化：明清的慈善組織》，〈第三章・慈善組織的制度化（1655-1724）〉，頁82-83。

[77] 〔清〕陳宏謀，《培遠堂偶存稿》，卷1，〈文檄・育嬰堂條規事宜冊〉，頁45a-46a。

量較為顯著，在人員任用、薪資與獎懲都具主導地位。[78]

　　要進一步辨析的是，由官方設立的育嬰堂，其管理制度又有何特色？湖南長沙府育嬰堂的例了可以說明。雍正五年（1727），湖南布政使張燦創建長沙育嬰堂。乾隆十二年（1747），由長沙知府呂肅高重修。[79]呂氏訂定育嬰堂條規，其中一則是關於「首事」的任用與職掌，為便於討論，茲將條規分為三點，如下所示：

1. 堂內現在首事四名專司辦理，每月壹明日用銀錢、乳婦各役工食，共銀若干，出具圖記押領，於十四日赴府領給，十六日按名分發。
2. 首事四名酌定以兩名輪掌一季，務令小心勤慎，毋許怠惰偷安，週而復始，不致久荒家計。
3. 其管季首事二人，每月各給飯食銀一兩五錢、米三斗，即令在堂住宿，以便照管堂務，如三年內勤慎辦公，並無怠惰冒銷等弊，酌量給區獎賞，以示鼓勵。[80]

---

[78] 另一案例是杭州育嬰堂：順治年間由地方生員陸元章創設。後因「舊堂窄小」另建他處，乾隆十七年（1752）又由杭捕同知衙門改建。在官方勢力逐漸增強下，杭州育嬰堂後由杭州府總捕同知專司經理，負責「嬰堂收除嬰孩，添催乳媼，查驗嬰孩肥瘦，乳媼勤惰，及給支工食口糧等事。」杭州育嬰堂在官僚化的過程中，管理者也隨之異動。詳見〔清〕鄭澐修，邵晉涵纂，《（乾隆）杭州府志》，卷51，〈恤政〉，頁35b、36b。

[79] 〔清〕呂肅高修，張雄圖纂，《（乾隆）長沙府志》（影印乾隆十二年刊本，臺北：成文出版社，1976），卷11，〈建置〉，頁7b。

[80] 〔清〕呂肅高修，張雄圖纂，《（乾隆）長沙府志》，卷23，〈政績·呂肅高·

第一點主要規範首事的職掌，第二點是首事制度的運作，第三則是首事的待遇獎懲。值得注意的是，設立四名首事掌管堂務三年，似為董事制度又略有不同。尤其，首事為有給職，這與會員、創設者的角色不同，屬於官方聘僱的人員，凸顯出與民辦育嬰堂的差異。其中，首事每月飯食銀一兩五錢，約可購得1.5石米，加上每月配給米三斗（約0.3石），共可得1.8石米糧，足供八人月需糧食。[81]然而，堂規又規定首事兩兩按季輪掌，以避免因常住在堂，無暇顧及家庭生計，顯示首事是被聘用的專職職務，並非自發性的投入，實可視為官辦育嬰堂在人事組織上的特色。

育嬰堂的管理制度包含若干種模式，就經營實況來看具有很大的彈性，創設於康熙十二年（1673），位處江蘇鎮江府的京江育嬰社即是一例。據張九徵記載，社員「有認一嬰者，有倍認、三倍認者，有數人共認一嬰者」。康熙十五年（1676），初創並主管其事的首事夏爾範逝世，張九徵接任夏氏原職兩年。康熙十七年（1678），由紳士「分月輪值」，定會所於月華山之萬歲樓，且「徵貲、驗乳、察弊、鰲奸各有專司」。[82]京江育嬰社由

　　詳定育嬰堂條規〉，頁84a-84b。
81　乾隆年間湖南省平均米價約為每石1兩，十八至二十世紀中國每年人均穀物消費量為2.6石，月均為0.21石。乾隆年間湖南省平均糧價資料，參見中央研究院近代史研究所「清代糧價資料庫」，https://reurl.cc/zYm0a，擷取日期：2019年3月1日。清代人均穀糧資料，參見王業鍵著，陳春聲譯，〈十八世紀福建的糧食供應與糧價分析〉，《中國社會經濟史研究》，1987：2（廈門，1987.6），頁72。
82　〔清〕何洯等撰，《（康熙）鎮江府志》，卷47，〈張九徵·育嬰社序〉，頁43。

社員出資雇嫗認養嬰兒，近似晚明揚州育嬰社的運作方式。但夏爾範、張九徵擔任首事，主管社務數年後，復由士紳按月輪值，似從董事制轉為輪值制，顯示管理制度與人事編制上的彈性，亦可見清代初期並非所有育嬰堂皆採行輪值制，亦有行董事制者。此外，京江育嬰社後改行輪值制，但從各項社務「各有專司」來看，已具有組織性，而非鬆散的會員制度。然而，這些專司社務者，是否按月輪值？或如黃六鴻所謂的「住堂管事」，為固定職務，不過更加細分？另一案例則是江蘇揚州府高郵州育嬰堂又更為複雜。

　　高郵州育嬰堂，創設於順治十三年（1656），由地方生員捐建，[83]後由官方重新修葺。比較嘉慶、道光與光緒的《高郵州志》可見其管理制度與人事的變化。惟乾隆以前的情形，或載有董事姓名，或曰某士紳「董其事」，但都難以確定運作的實況。乾隆元年（1736），知州傅椿重修育嬰、普濟兩堂，並立堂規十五條。第一條即是管理制度，其條規曰：

> 管事者共需十二人，分月輪值，每月二人，在堂居住，料理一切事宜，掌管出入帳目，照看門戶、火燭、藥材、稻穀，並察買辦供膳。至輪換時，造明四柱清冊呈州，當堂交代不得私自交收，以滋弊端。如十二人之中，有事故告

83　〔清〕尹會一、程夢星等纂修，《（雍正）揚州府志》，卷13，〈公署〉，15b。

退者，另選賢能耆碩，十一人共為保舉，許其頂替，此十二人者，務要互相覺察，如有徇私等情，即行舉首，容隱倍罰。[84]

從傅椿訂定的條規來看，高郵州育嬰堂採行輪值制度，設管事者十二人，每月由二人輪值處理堂務。特別的是，若其中一名管事者因故退出，其餘十一人要再選一人替補，並為其擔保，相互監督，避免徇私。

乾隆四十八年（1783），官紳共同整頓高郵州育嬰堂。知州楊宜崙新訂規條，其一便是裁免「司月」一職。楊宜崙認為：「育嬰堂司月，本係共襄善舉，迨其後，名實不符，徒為殷戶之累。」[85]條規中的司月，應是乾隆初期的值月管事。然而「共襄善舉」與「殷戶之累」，似乎暗示值月管事為無給職，或補貼銀數甚少，徒增負擔遂廢除此制。另外，楊宜崙訂立的條規始有「董事」一職出現，且每年於公款中提給「銀三十兩」。[86]可見乾隆四十八年時，高郵州育嬰堂已設有董事，但仍未詳細訂定任期與職掌。

84　〔清〕楊宜崙修，夏之蓉等纂，《（嘉慶）高郵州志》（影印嘉慶十八年增修，道光二十五年重校刊本，臺北：成文出版社，1970），卷1，〈公所〉，頁54b。

85　〔清〕楊宜崙修，夏之蓉等纂，《（嘉慶）高郵州志》，卷1，〈公所〉，頁57a。

86　〔清〕楊宜崙修，夏之蓉等纂，《（嘉慶）高郵州志》，卷1，〈公所〉，頁57b。

嘉慶年間，高郵州育嬰堂又增設堂規，確立董事制度的運作以「正本清源」。首先是任用董事，必須集合高郵州知州、士紳與生員於明倫堂內，公同推選「殷實端廉」者，選定一名上紳為總理，兩名生員為董事，且三年一換，不得「濫選貧士」與「公議未協」之人。此外，乾隆四十八年已廢司月一職，嘉慶年新規卻載：「倘遇旱潦歉歲，舉報十二司月勸襄善舉。」[87]可見天災歉收等非常時期，仍可增補十二人，輪值分擔堂務。不過，從後來的《高郵州志》來看，董事制度經常更動，董事人數時為五人又改為四人。[88]咸豐七年（1857），知州丁醅儒又有較大的改革。于氏先將州內殷富人家分為上、中戶，「專選上戶二十四人，以六人為一班，分為四班，又選上、中戶九人合為一班，共成五班」，每班仍輪值三年。[89]

　　高郵州育嬰堂的董事制度屢次更動，其因為何？據載，每到三年改選董事之際，眾人「各懷意見，議論紛紛，致起爭訟」，似乎爭議不斷。左輝春的〈重修育嬰堂記〉記載董事一職的難

---

[87] 〔清〕楊宜崙修，夏之蓉等纂，《（嘉慶）高郵州志》，卷1，〈公所〉，頁66b-67a。

[88] 例如道光年間《續增高郵州志》中收錄的〈左輝春·重修育嬰堂記〉曰：「舊制一紳總理，二衿董理，今之董理者增至五人焉。」又光緒年間的《再續高郵州志》中則記載：「堂董四人一班，任辦三年稟退，即復飭紳董另舉。」詳見〔清〕左輝春纂，《（道光）續增高郵州志》（影印道光二十三年刊本，臺北：成文出版社，1974），〈藝文志·左輝春·重修育嬰堂記〉，頁9a；〔清〕龔定瀛修，夏子鐊纂，《（光緒）再續高郵州志》（影印光緒九年刊本，臺北：成文出版社，1974），卷1，〈建置〉，頁14a。

[89] 〔清〕龔定瀛修，夏子鐊纂，《（光緒）再續高郵州志》，卷1，〈建置〉，頁14a-14b。

處，提供了解答。左氏指出：「州縣之設育嬰、普濟堂也，天下賴之，郵人獨病之；郵邑之有育嬰、普濟堂也，貧民利之，富人甚苦之。」可見，兩堂以富人之財養窮人，「邑中殷富視為畏途」，致使三年一次的董事議舉，眾人推諉求替。左輝春感嘆地說：「嗟乎！善舉也，直差徭不如矣。」[90]據此推測，嘉慶年間以來，董事多由數人共同擔任，或由紳、衿同組，或按財力分組，這與董事不僅為無給職，更要耗費自身錢財維持育嬰堂的運作有關。而且董事由官、民共同選舉，無形對中選者產生壓力，如同繇役一般，是為善舉的「繇役化」，[91]可進一步視為董事行善自發性的弱化。

此外，高郵州育嬰堂隨著管理制度的變動，人事也更加複雜，條規中出現許多職務或堂役。例如嘉慶十四年（1809），地方士紳夏味堂任董事並新立規條。夏味堂認為，「董事勢難常處堂內」，於是另聘坐堂人常住：

> 另聘端慈奉善者使之坐堂，並其內眷偕入。坐堂者逐日稽查外堂嬰兒、衣乳疾病、故嬰掩埋、乳婦勤惰及驗發藥餌。其內眷親視嬰兒綳洗、餵糕、灌藥、漿洗、裁補等事，月送修金三兩。但得人最難，如不得其人，寧闕

---

[90] 〔清〕左輝春纂，《（道光）續增高郵州志》，〈藝文志・左輝春・重修育嬰堂記〉，頁8b-10a。

[91] 夫馬進著，伍躍、楊文信、張學鋒譯，《中國善會善堂史研究》，〈第八章・善堂的官營化與善舉的繇役化——由普濟堂的經營看國家與社會〉，頁446。

毋濫。[92]

就工作性質來看，坐堂人相當於前述的住堂管事或司事一類，為日常運作中的實際管理者。另外，坐堂人的女眷必須隨之入堂，負責查看乳婦照護嬰兒等事。推測其因，可能堂務繁雜，又分內、外堂嬰兒，坐堂人難以獨力完成。且就坐堂人內眷執掌來看，勢必經常出入乳婦居所，為嚴別男、女之隔，便交付女眷查視，似更近其分別內、外堂之意。[93]

這些新設職務，堂役等人，其工作內容原屬輪值首事或董事之責，且多為有給職。顯示育嬰堂的規模擴大，已別於會員制度，人事組織逐漸成形。從史料成書時間來看，乾隆朝以後才有較多關於人事組織的記載。據此，育嬰堂的人事組織應是在乾隆朝前後逐漸發展形成，與梁其姿、夫馬進提出之「官營化」的時間斷限重疊，卻未必能將兩者連結。兩位學者所謂的官營化，是指民營育嬰堂在官方勢力影響下在經費與堂務方面的變化。本書認為，人事組織是隨著育嬰堂從善會走向制度化的過程中逐漸形成，一則與官方勢力介入未必有絕對的關係；二則是即使官方力量介入育嬰堂的人事編制，但原為官辦育嬰堂即不宜以「官營化」稱之。

---

[92] 〔清〕楊宜崙修，夏之蓉等纂，《（嘉慶）高郵州志》，卷1，〈公所〉，頁66a。
[93] 就本書所見，另聘女性負責內堂之事十分常見，將於下文詳細討論。

以下先整理道光年間〈陝西育嬰堂條規〉的人事編制作為基礎：

表1　陝西育嬰堂人事編制一覽表

職稱		人數	任用條件	工作內容	薪資
董事		2	1.眾鄉紳公舉老成廉潔者 2.必須常川住宿	1.經理出入銀錢，詳細登簿。 2.隨時約束內外、男婦。	每位每月束脩錢5000文，每日薪水錢200文
佐雜		1	1.由鹽道委請精練老成勤幹者 2.願否宿堂聽其自便	1.約束眾人，照料諸事，每日必須親到。 2.每三日同董事進內堂門，逐號巡察功過，當時註冊嬰兒安否，乳婦優劣，首嫗公否及僕婦勤惰。	每月送薪水錢8000文
差役		2	1.老成者	1.看守大門、稽查出入，接遞嬰孩，攔阻閑人，傳稟事件，如有送嬰來堂即時報知委員董事。	每名每日給錢80文，自行買食
堂役	廚役	2	1.老成勤練之輩	負責炊事。	每名每月工錢1500文
	火夫	2		管理燒茶、燒火、遞送飯菜等事。	每名每月工錢1000文
	打掃夫	1		打掃、挑水。	每月工錢1000文
	買辦	1		堂內雜差。	每月工錢1000文
首嫗		2	勤練老成、曾生子女者	1.乳婦有無口角是非，乳水是否充足，並小心各房火燭，督率眾婦用心撫養。 2.嬰兒斷乳後先著首嫗撫養。	每名每月月費錢2000文，點心錢300文

職稱	人數	任用條件	工作內容	薪資
僕婦	8	1.勤幹者 2.由老成官媒婆引薦	1.幫同乳婦照料各事。 2.年久嬰多撥給眾僕婦分養，每僕婦分養一、二嬰。	每名每月工錢600文
	2		1.由首嫗役遣。	每名每月工錢600文
乳婦	6	三十上下，體壯乳足者	哺乳、日常照護及看護疾病等。	每名每月工錢2000文，點心錢200文

資料來源：〔清〕徐棟輯，《牧令書》（收入《官箴書集成》，第7冊，影印道光二十八年刊本，合肥：黃山書社，1997），卷15，〈保息‧崇綺，陝西育嬰堂條規〉，頁25b-35a。

說　　明：1.〈陝西育嬰堂條規〉中僅將廚役、火夫、打掃夫與買辦稱為「堂役」。
　　　　　2.乳婦的任用條件與工作內容詳見第二、三章。

就表1所列陝西育嬰堂的人事組織來看，表中人員雖都有支領薪水，是受雇於地方官府。但仍可以分為兩類，一是董事與佐雜，另一則是堂役。[94]董事與佐雜屬於實際運作的管理者，堂役則受其監督。堂役又依照性別加以區分，並涉及他們的工作內容與活動範圍。男性堂役有差役、廚役、火夫、打掃夫與買辦，主要負責外堂事務；女性堂役則有「首嫗」、僕婦及乳婦，負責內堂事務。另值得注意的有幾點：第一，人員任用的條件上，老

---

[94] 另一例證是山東濟寧州育嬰堂。其規條記載：「必需有董理之人，又有執事代勞之役。」可見育嬰堂人事編制可略分為二，一是管理者，二是執事人役，或堂役。詳見〔清〕徐宗幹纂，盧朝安重纂，《（咸豐）濟寧直隸州志》（影印咸豐九年刊本，臺北：臺灣學生書局，1968），卷4，〈建置四〉，頁5。此分類亦符合本節開頭引用民初揚州育嬰堂調查報告的記載。

成、勤勞與幹練為共同的標準，但首嫗與僕婦又較為特別。首嫗需曾生育子女，僕婦的任用則要「官媒婆」引薦作保，皆較男性堂役嚴格。第二，即使首嫗被稱為「眾婦之統屬」，但仍需受到佐雜的監督，兩者的地位與待遇仍非相等。第三，堂役與僕婦的待遇，堂役每月薪水在1500至1000文之間，僕婦每月只有600文。細究兩者工作內容，僕婦不僅要協助首嫗、乳婦，更要負責照顧一至二名斷奶嬰兒，並不輕於堂役，待遇上卻有所差別，可能顯示兩者在人事組織中的階層高低。儘管陝西育嬰堂的例子不能代表所有育嬰堂的情況，各地職稱與工作內容略有差異，但應仍可說明育嬰堂的經營與人事情形。

管理者

前述管理制度時已涉及管理者，如長沙育嬰堂的首事、高郵州育嬰堂的坐堂人。他們類似表1的董事與佐雜，主要負責總理一切堂務，是實際運作的管理者。董理者或由眾人推選，或由官方指派，視育嬰堂的經營方式而定。乾隆五十五年（1790），江蘇江寧府四大善堂（普濟、育嬰、殘廢與老婦）進行改革，廢除董事制度改為官方經營。但直到同治時期才有較詳細的記載。在《（同治）江寧府重建普育堂志》中有關任用「委員」的記載稱：

　　堂中遴選端正誠篤、實心好善出力委員一位。月給薪水銀

二十四兩，每月油燭錢壹千文。住宿堂中，以堂事當作自
己家事經理，嬰兒當作自己子女愛惜，人役如自己奴婢防
閑，費用如自己錢財節省。實心定力稽查經管，並將銀錢
出入按季造冊送府核轉，年終統結開明清單張貼堂前，以
昭慎重而杜弊端。[95]

此則條規清楚說明委員的任用條件、待遇與執掌。至於委員的來
源，則因「郡邑公事多以其鄉豪主之，然富者畏累，而貧者以為
利，黠者把持，而自好者皆脫身遠引以去，近世通弊也。」遂
由地方官府中經歷、檢校一職擔任，並半年一換，不用本地士
紳，[96]是官營育嬰堂人事任用上的特色。

　　江寧府轄下的句容縣育嬰堂是由官、民合營，負責管理者稱
為「司事」，亦需「日夜住局，不得暫離」，薪水錢二千文。後
則與上引「住宿堂中……，以昭慎重而杜弊端」相同。[97]是否府
級育嬰堂具有指導作用，堂規因而流通傳抄不得而知，但從中反
映管理者的責任大致相同，惟待遇上江寧府較句容縣為佳，應與
府、縣級育嬰堂資源多寡有關。工作內容方面，光緒年間湖南
澧州石門縣育嬰堂，同樣設有董事並分值年與司事。值年有二

95　〔清〕涂宗瀛，《江寧府重建普育堂志》（同治十年刊本，劍橋：哈佛燕京圖書
　　館藏），卷5，〈新建育嬰堂章程〉，頁16a-b。
96　〔清〕孫雲錦纂，《江寧府重修普育四堂志》（光緒十二年刊本，劍橋：哈佛燕
　　京圖書館藏），卷3，〈職名〉，頁1、4。
97　〔清〕張紹棠修，蕭穆纂，《（光緒）續纂句容縣志》（影印光緒三十年刻本，
　　臺北：成文出版社，1974），卷10，〈義舉〉，頁63b。

人，主要「總理一切事宜」。每季有司事三人，「輪流經管支放錢米、收取捐數、稽察內外等事，及乳婦是否勤惰，有無淩虐嬰孩」。[98]不過管理者並非以管理育嬰堂為正職，他們或身兼官職，或準備科考，或從商賈。堂務繁多恐難以負荷，若採堂外養育之法則要前往乳婦家稽查，因此許多育嬰堂會有更細緻的分工。

在《（光緒）奉化縣志》（浙江寧波府奉化縣）的育嬰堂條規記載：「本堂互定司帳二人，一司收發嬰孩，一司進出錢穀。司察一人，隨時親赴各乳婦家，察看嬰兒肥瘠，婦育勤惰。司收二人，催收租穀帳欠。」[99]可見奉化縣育嬰堂已將收嬰、經費、稽查與收租等事分派各司專理。浙江嘉興府平湖縣育嬰堂亦有類似的編制。在嘉慶年間的條規中載：「掌其事者司歲一人，管理銀錢出入，必延身家殷實、品行端方者任之，每年八月朔交代。協歲一人，司月十二人，司勸、司察、司堂、司醫、司收捐各一人。」[100]其中管理經費出入的司歲，因事關金錢，特別強調德行。光緒八年（1882），知縣彭潤章重訂的堂規中出現「司帳」一職，主管一切帳目，似原司歲職責。司事中只有司帳支領薪水，任用則需兩名保證人。每月月終，司帳將本月經費開明四柱

---

[98] 〔清〕余麗元纂修，《（光緒）石門縣志》（影印光緒五年刊本，臺北：成文出版社，1975），卷3，〈養育〉，頁94a。

[99] 〔清〕李前泮修，張美翊纂，《（光緒）奉化縣志》（影印光緒三十四年刊本，臺北：成文出版社，1975），卷3，〈建置下〉，頁17b-18a。

[100] 〔清〕彭潤章修，葉廉鍔纂，《（光緒）平湖縣志》（影印光緒十二年刊本，臺北：成文出版社，1975），卷4，〈建置〉，頁21b。

清冊，即舊管、新收、開除與實在四項，並「照式三紙，一報縣備核，一懸挂大門，一存本堂」。[101]這顯示諸多堂務中，經費一事亟需慎重處理。[102]另外，收嬰與稽查亦是管理者的職掌範圍，更涉及堂役與乳婦的工作內容。

堂役

堂役的工作內容，大抵是看守大門、協助收嬰、炊事、灑掃、挑水、傳遞事物、協助乳婦與照護嬰兒等事。據《（乾隆）長沙府志》記載，長沙育嬰堂中的堂役有書記、府書、廚役、碾米水火夫、看門、看堂與老婦，其執掌與待遇如表2。

表2　湖南長沙育嬰堂堂役一覽表

職稱	人數	任用條件	工作內容	待遇
書記	1		住宿堂內，負責登記嬰兒出入堂	每月給辛資銀6錢；米3斗；每日給鹽菜銀1分。
府書	1		通報育嬰堂與地方官府之訊息。	每季給紙張銀5錢；歲底造冊給銀1兩5錢；每月給米3斗。
廚役	1		住宿堂內，負責茶水、炊事。	每月給銀3錢；米3斗；每日給鹽菜銀6釐。
水火夫	3			每名每月工銀3錢；米3斗；每日鹽菜銀6釐。

---

101 〔清〕彭潤章修，葉廉鍔纂，《（光緒）平湖縣志》，卷4，建置，頁22a。

102 《得一錄・育嬰堂章程》中規定每年經費刊載於徵信錄中，一本存堂備查，另一本則焚於神前以示公正。此作法無疑也是對掌管經費者的一種約束。見〔清〕余治，《得一錄》，卷2，〈育嬰堂章程〉，頁5b-6a。

職稱	人數	任用條件	工作內容	待遇
老婦	1	五十歲以上者	負責傳喚乳婦到堂，接洗初入堂嬰兒。	每月給工銀3錢；米3斗；每日給鹽菜銀1分。
看門看堂	2	中年老實人	負責看門、看堂、灑掃，以及傳喚乳婦。	每月各給工銀3錢；米3斗；每日各給鹽菜銀1分。
乳婦	不定額	年壯乳足	哺乳及照護堂嬰。	哺育二嬰者給工銀6錢；哺育一嬰者給工銀3錢。

資料來源：〔清〕呂肅高修，張雄圖纂，《（乾隆）長沙府志》，卷23，〈政績〉，頁78b-85b。

　　據表2，堂役們的待遇，除府書略有不同外，大致為每個月的薪資、米及日用菜金三項。進一步將堂役薪資與糧價比較，乾隆年間湖南省平均米價約為每石1兩，[103]十八至二十世紀中國每年人均穀物消費量為2.6石，[104]月均為0.21石。堂役每月工食錢在0.6至0.3兩之間，約可購得0.6至0.3石米，加上每月配給米三斗（約0.3石），約可得0.9至0.3石。足供兩人月需糧食但少有剩餘，若為五口之家則難以溫飽。[105]若與陝西育嬰堂相較，道光年間陝西省平均米價為每石2兩至3.6兩之間，[106]堂役每月薪資最高不過1500文，大約足夠兩人一個月的糧食所需。至於老婦，每月

---

[103] 乾隆年間湖南省平均糧價資料，參見中央研究院近代史研究所「清代糧價資料庫」，https://reurl.cc/zYm0a，擷取日期：2019年3月1日。

[104] 王業鍵著，陳春聲譯，〈十八世紀福建的糧食供應與糧價分析〉，頁72。

[105] 何炳棣著，葛劍雄譯，《明初以降人口及其相關問題：1368-1953》（北京：生活・讀書・新知三聯書店，2000），頁65-67。

[106] 道光年間陝西省平均糧價資料，參見中央研究院近代史研究所「清代糧價資料庫」，https://reurl.cc/E1RQA，擷取日期：2019年3月4日。

領薪600文，只能購得一人所需米糧。雖然，各時、各地堂役薪資與物價不定，但其薪資大多只能提供一至二人一個月的米糧。到育嬰堂充當堂役，似為補充家庭生計的一種方法，而非主要收入來源。又值得注意的是，看門、看堂者與老婦的條規中特別提及任用條件。推測其因，門役負責看管人員出入，涉及育嬰堂的安全，故由忠厚、誠實者擔任。[107]老婦選定在五十歲以上者，一方面與其執掌有關，具有照護嬰兒經驗者為佳。另一方面，老婦若要傳喚乳婦入堂，勢必在育嬰堂與乳婦家之間出入，若由年輕女姓擔任，恐有違時人禮教觀念。反映不同年齡的女性，被賦予相異的社會角色。

復以《（光緒）石門縣志》的記載為例。石門縣育嬰堂聘僱外管堂男人一名，「住牆門左側屋，不得進內，責司外事，並著收取捐數隨交明董事註收，毋得錯誤，每年給工食二十兩。」又雇內管堂女人一名，「住牆門右側屋，不得出外，凡遇嬰孩或乳婦有病及有緊要事，由轉斗告知外管堂轉達司事，每年給工食二十兩。」[108]反映育嬰堂從空間乃至人事上的內外與性別之分。

---

[107] 高郵州育嬰堂聘請門役時亦強調「年老誠實」者，負責「晝夜查管，以時啓閉，凡係眾乳婦親屬往來，查明許其出入。」詳見〔清〕楊宜崙修，夏之蓉等纂，《（嘉慶）高郵州志》，卷一，〈公所〉，頁66a。德慶州（廣東省肇慶府）育嬰堂亦規定：「嬰堂門宇整肅，平日祇選誠實忠厚年老可靠一二人，司理門戶、代買食物。」詳見〔清〕楊文駿修，禾一新纂，《（光緒）德慶州志》（影印光緒二十五年刊本，臺北：成文出版社，1974），卷7，〈賑恤〉，頁38b。
[108] 〔清〕余麗元纂修，《（光緒）石門縣志》，卷3，〈養育〉，頁94b。

關於外堂堂役的工作內容有巡城收嬰、[109]文書事務、司理門戶、傳遞訊息、採購物品或負責廚房庶務。特別的是，據《（咸豐）濟寧直隸州志》、《（光緒）奉化縣志》記載，「司理門戶」者與堂差，係從地方衙役中選撥入堂，[110]可見善堂與地方官府之間在人員任用上的支援撥派。

大多育嬰堂會由老婦負責內堂事務，顯示內、外堂役間的區別。根據《得一錄・育嬰堂章程》記載，內堂事務主要由女司事與老嫗負責。[111]女司事由「司事內眷親臨彈壓，以昭慎重，逐月輪管，准帶老嫗一名使喚」，負責約束眾婦，「三尺之童不許擅入」。老嫗主要「把管嚴禁出入，閒人喧擾」，並負責「內呼外問」。[112]女司事與乳婦居於內堂，老嫗則在外看守內堂門，並負責傳遞訊息與事物，以嚴別內外界限。此亦凸顯老嫗等年紀較長的女性，在育嬰堂中擔任溝通內、外堂，並與男性堂役有較多接觸的機會。至於「三尺之童」不能擅闖內堂，實與明清時期女

---

[109] 巡城收嬰較為特別，見黃六鴻《福惠全書》記載：「僱拾工，派定方隅，每日黎明出拾，日昃而歸。」育嬰堂聘僱拾工四至八人，手持推車，巡城內外，若見棄嬰則送回堂中，派婦乳養。見〔清〕黃六鴻，《福惠全書》，卷31，〈庶政部・育養嬰兒〉，頁16b。

[110] 〔清〕徐宗幹纂，盧朝安重纂，《（咸豐）濟寧直隸州志》，卷4，〈建置四〉，頁5；〔清〕李前泮修，張美翊纂，《（光緒）奉化縣志》，卷3，〈建置下〉，頁17b-18a。

[111] 《得一錄・育嬰堂章程》所收條規中有首嫗、女司事與老嫗三者。惟首嫗只出現一次，據其工作內容應與女司事相同，或首嫗即是女司事，又或顯示余治編纂時並非只收入一時、一地育嬰堂的章程，遂有記載前後不一的情形。

[112] 〔清〕余治，《得一錄》，卷3，〈育嬰堂章程〉，頁7b-8b。

教書的規範相似，皆有內外防閑的用意。[113]另外，江寧府育嬰堂聘僱「總棚頭」一名，為眾婦統率，負責稽查乳婦、嬰兒身體狀況、日常照護及內院門之啟閉等事。總棚頭的任用標準，除「心存公正、老成諳練」外，必須是「曾生子女者」，方能充任。[114]顯示女性能夠藉由產育經驗求取工作機會，「老成」一語雖可指穩重、精明者，也可能暗示總棚頭的年紀不會太小。又在部分育嬰堂中，女性堂役還需負責照顧斷乳嬰兒，如《（光緒）江都縣續志》載：「乳嬰長至二歲，另雇老嫗管帶。」[115]又何耿繩〈育嬰堂法〉表示：「傭嫗之勤者二二人，兒謝乳即令撫之。」[116]此外，上述堂役中，首嫗、女司事與總棚頭三者，就工作執掌來看應屬同一類，不過各個育嬰堂的職稱有所不同。

醫生、官媒與穩婆三者，雖然不是堂內人員，但負責要職。例如湖南長沙育嬰堂，自醫學中選用「內科精於小兒科之醫生一名」，每月給予藥材費用與薪資「銀一兩二錢」。再選「外科醫生一名」，負責調治瘡痘等症，治療完畢隨給薪資。[117]又因堂嬰

---

[113] 關於女教書中「內外防閑」的討論，參見王光宜，〈明代女教書研究〉（臺北：國立臺灣師範大學歷史研究所碩士論文，1999），「第三章：明代女教書之教化思想——理想的婦女形象」，頁133-138。

[114] 〔清〕涂宗瀛，《江寧府重建普育堂志》，卷5，〈新建育嬰堂章程〉，頁18a。

[115] 〔清〕謝延更等修，劉壽增纂，《（光緒）江都縣續志》（影印光緒九年刊本印，臺北：成文出版社，1970），卷12下，頁16b。

[116] 〔清〕何耿繩，《學治一得編》（收入《叢書集成續編：社會科學類》，第52冊，影印嘯園叢書本，臺北：新文豐出版公司，1989），附錄，〈育嬰堂法〉，69b。

[117] 〔清〕呂肅高修，張雄圖纂，《（乾隆）長沙府志》，卷23，〈政績〉，頁81b。

多是新生幼兒因此特重痘科。廣東德慶州育嬰堂即規定「延請小兒痘科良醫一位，月送薪水若干。」[118]由於醫生並非常住在堂，有與普濟堂共同聘僱的例子。如陳宏謀〈育嬰堂條規事宜冊〉規定，「遇有疾病應需調理，查普濟堂現有醫生一名，已經給有工食，應即令該醫看視」，並補貼藥餌費用，每服給錢二分。[119]亦見善堂之間人員互相支援的情形。

　　至於官媒與穩婆，大多擔任女性堂役與乳婦的保證人（如表1陝西育嬰堂的例子），或主動介紹適合人選入堂應役。官媒與穩婆屬於「三姑六婆」中，分別負責婚姻仲介及接生的兩種職業婦人。三姑六婆多具負面形象，育嬰堂為何將擔保、舉薦女性堂役之責交給她們？衣若蘭認為，這些姑婆雖在士人眼中視作淫亂、貪財之輩，但她們的工作需穿門踏戶，能獲得許多訊息，辦事上也較為有利。[120]官媒一職，常為人婚配，通常也是官府差役，多負責看管女囚。[121]如《居官日省錄》稱：「凡有司衙門，設有穩婆，又名官媒一項，係隸中之尤賤，為良家婦所不屑充膺者，專以伴侍犯婦而設。」[122]清人李海觀（1707-1790）

---

[118] 〔清〕楊文駿修，朱一新纂，《（光緒）德慶州志》，卷7，〈賑恤〉，頁42a-b。

[119] 〔清〕陳宏謀，《培遠堂偶存稿》，卷一，〈文檄‧育嬰堂條規事宜冊〉，頁48a。

[120] 衣若蘭，《「三姑六婆」：明代婦女與社會的探索》，頁86-87。

[121] 清代地方官府中官媒的職能仍有待研究，吳佩林、張加培主要關注官媒在獄政扮演的角色，文中只略提官媒亦是乳婦的推薦人。參見，吳佩林、張加培，〈清代州縣衙門中的官媒〉，《歷史檔案》，2018：3（北京，2018），頁69-77。

[122] 〔清〕覺羅烏爾通阿，《居官日省錄》（收入《官箴書集成》，第8冊，影印咸

著《歧路燈》第十三回中，有一年約三十四、五歲的薛婆，受人之託賣一名年約十二、三歲的女孩為婢。薛婆說：「我是縣衙門前一個官媒婆，人家都叫我薛窩窩，人就說我是薛窩窩家。如今不做這生意，街上人還不改口。前年縣裏老爺，賞了我一名差，單管押女人的官司。閑時與人家說宗媒兒，討幾個喜錢，好過這窮日子哩。」[123]至於為人接生的穩婆，更能掌握何處有生產不久的女性，適合充當乳婦一職。尤其，管理者皆為男性，揀選女性堂役與乳婦一事，便需倚賴官媒與穩婆。她們因常與女性接觸，又熟悉女性身體狀況，在育嬰堂的人事任用上扮演不可或缺的角色，更凸顯出其社會評價與現實貢獻的落差。

乾隆朝以降的人事問題

據上所述人事組織的形成約在乾隆時期，此時育嬰堂的人事問題也經常是官方關注的重點。不過，官方大多關注管理者的任用與違法犯紀之事，較少涉及堂役階層。乾隆六年（1741）漕運總督常安（1683－1748）說：「江蘇育嬰堂，近緣地方官奉行不善，委任非人，借名侵蝕」，故須「嚴飭地方有司，擇殷實謹厚之人管理，仍令各州縣率同佐貳，不時稽查，以歸實效。」更應

豐二年刊本，台肥：黃山書社，1997），卷3，〈姦情・格言〉，頁73a。
123 〔清〕李海觀，《歧路燈》（臺北：臺灣商務印書館，1983），第十三回，〈薛婆巧言鬻婢女・王中屈心掛畫眉〉，頁157。

通飭各直省一體遵行。[124]地方官員創設育嬰堂後，擇人代理的作法，已見於趙弘恩一例，可見「官辦民營」是普遍的經營方式，卻也引發各種流弊。嘉慶四年（1799）時，由順天府管理的京師育嬰堂也發生「胥吏及鄉耆等，多有侵漁」的情形，遂令巡城御史隨時稽查。[125]道光十九年（1839），御史張灝上奏，江蘇鎮江育嬰堂內，士紳藉由董事職務，中飽私囊，致使經費不敷，形同虛設。據道光朝《清實錄》記載，宣宗諭令重申，各直省設立恤嫠會、育嬰堂、救生會、留養所等善堂，或由地方官捐廉，或由眾紳士勸募，以「惠窮黎而敦任恤」。但如張灝所述的弊端，若「一府如此，他府可知」，遂令江蘇巡撫，通飭各府州縣，「凡地方舊有善事，務當設法保全。」人員的任用，應「公舉誠正殷實紳士，充當董事，責令實心經理，嚴剔弊端，以杜虛麋侵蝕之漸。」又指出，「地方善事，經理不善，以致有名無實，諒不獨江蘇一省為然。」故命令各直省督撫通令其轄下育嬰堂，妥善擬定章程，並公告廣為人知，使善舉得以長久。[126]

---

[124] 《清實錄・高宗純皇帝實錄》，卷140，頁1026上，乾隆六年四月上己酉條。乾隆皇帝覆准後，本則記載亦收入乾隆朝的《欽定大清會典則例》，進一步規定「將實在無依遺棄嬰兒收入養贍，每於年終，將所育嬰兒及支存細數，分晰造報查覈，如有怠玩、剋扣、需索等弊，即行查參。」見〔清〕允祹等奉敕撰，《欽定大清會典則例・乾隆朝》，第621冊，卷53，〈戶部・蠲卹〉，頁82b。

[125] 《清實錄・仁宗睿皇帝實錄》（北京：中華書局，1985），卷56，頁742上，嘉慶四年十二月己酉條。

[126] 《清實錄・宣宗成皇帝實錄》（北京：中華書局，1985），卷321，頁1038，道光十九年四月壬辰條。

小結

關於明清慈善組織的發展，梁其姿與夫馬進已提出多種重要論點：一是從明末到清初的「制度化」；二是雍正二年諭令影響的「官營化」與「縣役化」；三是清中晚期善堂的「小社區」型態與「儒生化」。本章在前此論點的基礎上，進一步分析明清育嬰堂的發展與人事編制兩大問題，並開啟後續的討論。

創設於崇禎年間的揚州育嬰社是民營育嬰堂的開端，晚明士人劉宗周指出揚州育嬰社兼具「恤孤」與「賑貧」之效，揭示晚明以降育嬰堂的兩大理念。明末清初，育嬰堂逐漸從鬆散的結社性質轉向具組織性的機構，創設的地點與數量也從江南地區向外擴展。育嬰堂既以長期救濟為目標，於是購屋置產，並倚賴中央、地方等多方力量共同維繫，是為「制度化」。另一方面，為能有效掌握堂嬰的照護狀況，育嬰堂逐漸集中堂嬰與乳婦，轉以堂內救濟為主，也將影響乳婦的生活起居。

自雍正二年諭令頒布至乾隆年間，地方官員紛紛創設育嬰堂以遵諭旨，是官方力量顯著影響的時期，尤以堂務與經費兩方面影響最為顯著，梁其姿、夫馬進稱作「官營化」。雍正皇帝曾以「道婆之政」一語，告誡官員不應投入過多精力在慈善組織上，近人研究也據此定調育嬰堂是「軟性的非急務」。不過，本書分析雍正皇帝的〈育嬰堂碑記〉及地方志中的育嬰堂碑、記認為，

創設育嬰堂乃是延續先秦典籍、歷代君主的保赤仁政，並非婦人慈仁之事。在儒家的文化氛圍下，恤孤貧及與人為善的理念，似對官員與士紳更具影響力。其次，藉由王鳴盛〈嘉定縣移建育嬰堂記〉一文，則可以進一步瞭解雍、乾時人對雍正二年諭令的理解，並推知造成大量創設育嬰堂的原因。再者，在此時期，或為有效掌握管理者與乳婦，或為清釐人事弊端，官方也介入育嬰堂的人事任用。不過，避免簡化各地區育嬰堂的經營型態，官辦育嬰堂則不宜稱為「官營化」。而且，藉由《育嬰堂新劇》則可略補士紳面對官方力量的介入，可能產生的疑慮與批評。

在育嬰堂制度化的過程中，堂務日趨繁雜，創設者無法親力經營，人力需求日增，人事組織因之逐漸形成。其次，育嬰堂的人事組織與管理制度，隨經營狀況不同，具有很大彈性，難有固定不變的制度。再者，育嬰堂的人事編制，雖然沒有明示上下階層關係，但仍可以分為管理者與堂役兩類，並依據性別、年紀的差異，各有專司。再者，乳婦亦屬於女性堂役的一員，在育嬰堂人事編制逐漸複雜的過程中，對乳婦的任用、稽查與堂內生活產生若干影響。值得注意的是，育嬰堂的人事組織與管理制度，大約在雍正、乾隆時期漸臻成熟，與前輩學者提出之「官營化」的時間斷限重疊，但基於以上觀察，本書認為不宜將人事組織的形成視為官營化的結果。

清中後期，隨著時局動盪、育嬰堂救濟缺失等問題產生若干

變化。從創設地點來看，村鎮地區的小型育嬰機構增加，如保嬰會、接嬰堂與留嬰堂，且更維護家庭的價值，遂訴諸父母親情，以救濟棄嬰的家庭為主。值得進一步釐清的問題是，育嬰堂是否因此被小型的育嬰機構所取代，本書認為答案是否定的。一方面，育嬰堂呈現更多元的救濟模式，兼採堂內救濟、堂外救濟與自養三種方式。另一方面，小型育嬰機構也有救濟孤兒、棄嬰之例，仍有聘僱乳婦的需求。整體來看，清中晚期的育嬰機構呈現的是更複雜、多樣的型態，而非從育嬰堂到保嬰會的線性發展。

第二章
乳婦的來源與待遇

〔柴善上〕你們都是要做奶娘的？〔眾白〕正是。〔柴善人白〕這一位年紀太大，未必有奶。……這一位臉上黃黃的，像是有病，未必有奶。這一位臉上腫腫的，卻是為何？……這一對一對的，好像是瘡。〔柴善人白〕眾位乳娘，今我將這孩子交付與你。〔眾乳母白〕你老人家只管放心，俺們都是有良心的，喫著你的濕的，拿著你的乾的，難道不替你照管孩子。〔柴善人白〕說也慚愧，我想你們都是有兒女的。

〔清〕不著撰人，《育嬰堂新劇》，第三齣，〈演車覓乳〉

《育嬰堂新劇》描寫柴善人挑選乳婦的過程極其生動，凸顯柴善人十分重視乳婦的年齡、面貌與身體狀況，透露出育嬰堂揀選乳婦的條件。陳宏謀曾說：「嬰兒之安危，全在乳媼之保護。」[1]育

---

[1] 〔清〕陳宏謀，《培遠堂偶存稿》，卷1，〈文檄·育嬰堂條規事宜冊〉，頁46a。

嬰堂條規中亦常言，乳婦乃「嬰孩生死之所寄」，[2]選擇實不可不慎。透過上一章的討論，大致可見育嬰堂的發展，在常態經營、規模大小或官方力量等複雜因素下，出現有別於會員制度的模式，並逐漸形成人事組織。人事編制上，乳婦屬於女性堂役，負責內堂事務。惟乳婦肩負哺育與照護堂嬰之責，進而有更多的規範。本章將乳婦放回育嬰堂的發展與人事組織中，探究乳婦從何而來？選擇條件為何？聘期長短、報酬又如何？然而，育嬰堂的救濟方式既分堂內與堂外，規模則有育嬰堂、接嬰堂與保嬰會之別，官辦、民營與經費又各不相同，乳婦的待遇也因此有若干異同。

第一節　選擇條件與入堂程序

乳婦來自何處？《（乾隆）蘇州府志》描述蘇州育嬰堂檢查堂嬰、發放乳婦薪資時稱：「城內、外乳婦各抱嬰以至。」[3]可見乳婦就居住於蘇州城內或附郭之處。這大抵有兩個原因：一是育嬰堂設置的地點；二則關乎稽查，例如查核乳婦的身分背景，又採行堂外收養的育嬰堂，能便於管理者巡視，且每月例行檢查時，乳婦居住距離育嬰堂太遠，恐難以赴驗。

---

[2] 〔清〕戴肇辰，《從公續錄》（收入《官箴書集成》，第8冊，影印戴氏雜著本，合肥：黃山書社，1997），卷1，〈育嬰章程〉，頁27a-b。

[3] 〔清〕雅爾哈善等修，習寯等纂，《（乾隆）蘇州府志》，卷15，〈張遇恩記〉，頁27b。

從育嬰堂設置的地點來看，大多位處府州縣城之中，[4]正如雍正皇帝所說「通都大邑、人煙稠集之處」，又或如王鳴盛所謂「地當孔道」。茲舉南匯育嬰堂（圖2圓圈處所示）與高郵州育嬰堂（圖3圓圈處所示）為例。據《（光緒）南匯縣志》記載，南匯育嬰堂的位置是在「城內荷花塢知止庵」。[5]從松江府南匯縣城圖來看，係位處城內，並鄰近城隍廟、觀音堂等廟宇。又如高郵州育嬰堂，同樣位處城內，並鄰近普濟堂。想見二者皆位處人來人往之處。

　　《（咸豐）濟寧直隸州志》記載：「育嬰設立城市，凡深村偏僻之所，或因路遠苦無人力抱送。」[6]論者雖是感慨育嬰堂設立於城市，偏僻鄉村的棄嬰難以獲得救濟，顯示育嬰堂的救濟範圍相當有限。從地方志的府署圖來看，育嬰堂的設置地點多在城內人群聚集之處，而乳婦的來源，則多在城內不遠之處。

　　關於稽查一事，《（道光）武寧縣志》記載，江西南昌府武寧縣育嬰堂因房屋不敷居住，實行堂外救濟，規定嬰孩抱予「城居乳婦」，因「地近而查察易周」。[7]《（光緒）奉化縣志》記

---

[4]　夫馬進認為善會善堂只出現於都市，因為都市是人與財富的聚集地。參見，夫馬進著，伍躍、楊文信、張學鋒譯，《中國善會善堂史研究》，〈第三章·善會、善堂的開端〉，頁161-162。

[5]　〔清〕金福曾等修，張文虎等纂，《（光緒）南匯縣志》（影印民國十六年重印本，臺北：成文出版社，1975），卷3，〈建置志〉，頁292。

[6]　〔清〕徐宗幹纂，盧朝安重纂，《（咸豐）濟寧直隸州志》，卷4，〈建置四〉，頁6a。

[7]　〔清〕陳雲章等修，張紹璣等纂，《（道光）武寧縣志》（影印道光四年刊本，臺北：成文出版社，1989），〈建置〉，頁291。

載，奉化縣育嬰堂同時採行堂內、堂外救濟，規定乳婦「以迅為妥，至遠不過十里」，以便稽查。[8]松江育嬰堂亦明訂堂外乳婦的居住地，最遠不能超過十里。[9]松江府轄下的南匯育嬰堂也規定，乳婦「住居城外者，總以附郭六里為限」，超過六里者一概不收，「以使司事隨時查察，遠則照看不周」。[10]可見，乳婦大多來自育嬰堂周遭，最遠不過十里之地（大約五公里），以便管理者巡察堂嬰照護的情形。[11]不過，上述例子皆為堂外乳婦，堂內乳婦條規中並未強調乳婦家與育嬰堂之距離。或許堂內乳婦必須常住在堂，住家遠近並不構成稽查上的問題。卻也不能以此認定堂內乳婦將遠從僻遠鄉村而來，況且鄉村女性可能另有營生之計，[12]並不僅止於擔任乳婦一途。

---

[8] 〔清〕李前泮修，張美翊纂，《（光緒）奉化縣志》，卷3，〈建置下〉，頁18a。

[9] 〔清〕博潤等修，姚光發等纂，《（光緒）松江府續志》（影印光緒九年刻本，臺北：成文出版社，1974），卷9，〈建置志〉，頁8b。

[10] 〔清〕金福曾等修，張文虎等纂，《（光緒）南匯縣志》，卷3，〈建置志〉，頁294。

[11] 梁其姿曾指出道光以後的保嬰會，其救濟策略為縮小組織的服務範圍，約限制在十里以內，是一種小社區善會的現象。並認為小社區善會除了救濟以外，更推動社區的自我界定，如不救濟「客民」、「流乞」之家。參見梁其姿，《施善與教化：明清的慈善組織》，〈第六章・嘉慶以來慈善組織與小社區的發展〉，頁199-202。本書在此列舉的案例，雖都出自道光以降的地方志，但育嬰堂限定乳婦來源的距離，乃是出自於稽查與管理的現實目的，必須與梁氏的論點加以區別，也不能認定道光以前的育嬰堂，不會限制乳婦住家的距離。

[12] 女性投入農業活動的情形，在明清時期的地方志、筆記與文集等史料中，可見女性投入耕作或耕織並兼的記載。論者又以徐珂《康居筆記匯函》中收入的文集、詩詞為例，舉出明清時期不同地區女性耕作的情況，如「朝見插秧女，暮見插秧女」、「涼棚少婦弓鞋小，手帶嬰兒足踏車」等。相關討論參見，鄭愛敏，〈性別視野中明清社會經濟史內容的增補：以農業史、紡織業史、商業史、消費史

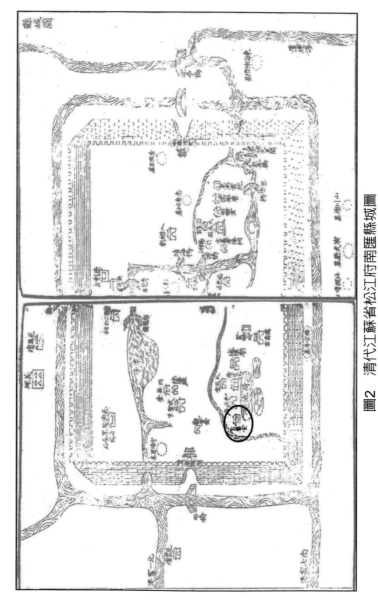

圖2　清代江蘇省松江府南匯縣城圖

資料來源：〔清〕金福曾等修，張文虎等纂，《（光緒）南匯縣志》，卷首，頁4b-5a。

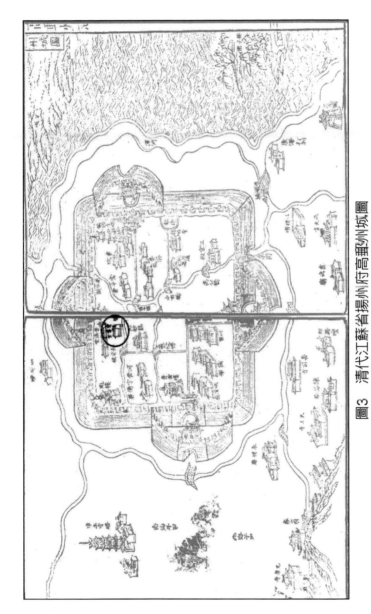

圖3　清代江蘇省揚州府高郵州城圖

資料來源：［清］楊宜崙修，夏之蓉等纂，《（嘉慶）高郵州志》，卷一，〈輿圖〉，頁3b-4a。

基於上述討論，育嬰堂對於鄉村女性而言是否難起救濟之效？其實，位處城市的育嬰堂，無論是在設置地點，以及堂規的規範下，對於鄉村女性及棄嬰並未有太大幫助，亦是清代中晚期小型育嬰機構興起緣由之一。湖南澧州石門縣的接嬰堂即是一例。石門縣育嬰堂創設於嘉慶六年（1801），即使「規模宏備，約示詳明」，鄉鎮棄嬰仍難以獲救。嘉慶二十五年（1820），地方士紳「以邑之西北鄉，距城窵遠，慮貧民生育子女送納維艱，恐仍有遺嬰」，遂捐金立接嬰堂在洲錢、玉溪二處（圖4），並購置屋舍，聘請乳婦，「俾鄉人就近送入撫育」。[13]可見鄉村的接嬰堂中仍聘有乳婦。換言之，小型的育嬰機構似能起救濟鄉村女性之效。

　　另外一個例子是，廣東肇慶府德慶州悅城鄉的莫村育嬰分堂（圖5）。根據知州劉忱〈創建莫村育嬰分堂記略〉記載，德慶州「土瘠民貧」，溺女風氣盛行，前任知州余鑑海重建育嬰堂於州城內，卻「不暇推及偏遠」。光緒十八年（1892），劉忱任知州，莫村生員陳景星等人，陳請創建育嬰分堂，「勸募集貲，擇地庀材」，於光緒十九年（1893）六月落成。堂中聘請乳婦，兼採堂內、堂外救濟之法。[14]從德慶州、莫村的位置圖來看，兩地

為例〉，《中國文化研究所學報》，52（香港，2011.01），頁95-127，特別是「以性別視野補充明清農業史」一節，頁102-111。據此，一方面突破以往「男耕女織」的社會分工印象。另一方面，提醒吾人農村女性有其營生之計，倘若需要投入農務活動，遠赴城市育嬰堂實有損家庭勞動力。

13　〔清〕余麗元纂修，《（光緒）石門縣志》，卷3，〈養育〉，頁98b-99a。

14　〔清〕楊文駿修，朱一新纂，《（光緒）德慶州志》，卷7，〈賑恤〉，頁

距離遙遠，以今日地圖估算約是56公里，棄嬰與乳婦難以接受救濟。因此，在莫村建育嬰分堂，不僅讓鄉村棄嬰有活命的機會，也提供鄉村女性能充當乳婦以求生計。

上述的兩個案例顯示，城市中的育嬰堂難以周濟鄉村的嬰兒與女性，倘若鄉鎮地區設有育嬰機構時，鄉村女性才有較大可能入堂擔任乳婦。這也提醒吾人討論鄉村女性是否能接受育嬰堂的救濟時，必須考慮育嬰機構救濟範圍的侷限性。惟此現象在清中晚期才見較多案例，且鄉鎮的小型育嬰機構資料大多零散不全，難以詳盡稽考。

地方士紳創設育嬰堂的目的之一是濟貧，早在晚明揚州育嬰社，便規定由「貧婦領乳」。因此，乳婦以來自貧窮家庭，生產不久，尚有乳汁的女性為主。《（光緒）南匯縣志》記載，育嬰堂的乳婦應於開堂收養前，設法招募「貧戶有乳之婦」。[15] 浙江嘉善育嬰堂也規定由「貧婦領乳」。[16]光緒年間《申報》刊載〈乳婦苦況〉一文，更能顯示乳婦的處境。據光緒十九年（1893）十一月十六日的報導，安徽省育嬰堂中的乳婦皆是「距城十數里及數里不等，均屬極貧婦女」。在某日下午，有一名婦人高聲抱怨，引起旁人好奇，詢問後才得知，她是安徽省育嬰

40b-41a。

[15] 〔清〕金福曾等修，張文虎等纂，《（光緒）南匯縣志》，卷3，〈建置〉，頁293。

[16] 〔清〕江峰青等修，顧福仁等纂，《（光緒）嘉善縣志》（影印光緒十八年刊本，臺北：成文出版社，1970），卷5，〈公署〉，頁15b。

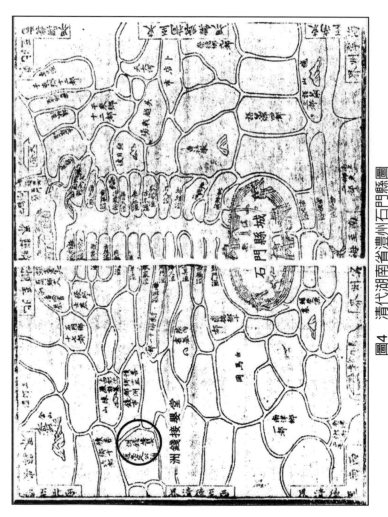

圖4　清代湖南省澧州石門縣圖

資料來源：〔清〕余麗元纂修，《（光緒）石門縣志》，〈四境圖〉，魚頁碼。

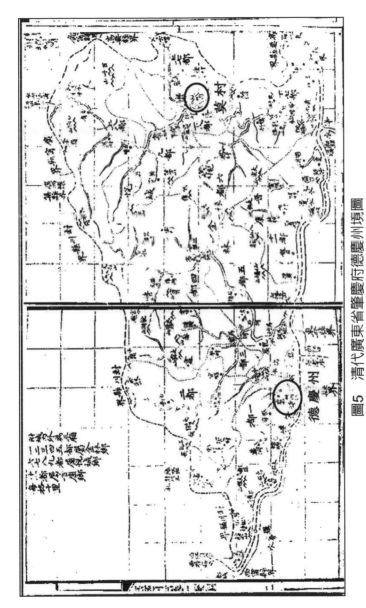

圖5 清代廣東省肇慶府德慶州境圖

資料來源：〔清〕楊文駿修，朱一新纂，《（光緒）德慶州志》，卷1，〈輿圖〉，頁1b-2a。

堂的堂外乳婦，今日是發薪日，原定上午十點到堂、下午三點散會。不過，董事經常到下午一、二點才開門，此次則要乳婦們隔日再到堂領薪。該名乳婦表示：「早晨喫稀飯餓到九死一生，尚有數里始能歸家，豈不可恨。」引發旁人憐憫，遂給錢文買餅充饑。[17]這則新聞主要在批判董事未能按照條規定期給薪，致使乳婦受饑，卻也暗示乳婦的家庭經濟極為拮据。

乳婦入堂程序與篩選條件為何？康熙時期的《杭州府志》記載：

> 招雇乳母，須老成年高者，親知其地，訪其的確，無兒有乳之母，方取護保，領文約，將姓名、居址、年月詳登號簿，俟收有遺嬰，按冊給與乳哺。[18]

乾隆時期的《杭州府志》則記載：

> 乳媼為嬰命所寄，凡遇選募，必擇淳良年壯之婦，令董事驗看乳汁，報明經理衙門，批準充額，一切現在乳媼，悉令歸堂居住，不願入堂者汰除另選。[19]

---

[17]　〈乳婦苦況〉，《申報》（上海），1893年11月16日，2版。
[18]　〔清〕馬如龍撰，《（康熙）杭州府志》，卷12，〈卹政〉，頁45b。
[19]　〔清〕鄭澐修，邵晉涵纂，《（乾隆）杭州府志》，卷51，〈卹政〉，36b。

從上引二則堂規得知，乳婦入堂必須通過管理者的檢查，符合標準者，方可領取契約，等待接嬰，管理者則將乳婦的資料登入簿冊備查。進一步比較康熙、乾隆時期的堂規發現，負責篩選乳婦者由「老成年高者」變為「董事」，且要「報明經理衙門」，是杭州育嬰堂在官營化後，人事任用上的異動。[20]然而，官府並未要求提供其他堂役的名單，相較之下，對於乳婦的管控更為嚴謹。其次是杭州育嬰堂經營方式的改變，從兼採堂內、外救濟，到單行堂內救濟，遂令乳婦一律住堂，未能配合者概不錄用。值得注意的是，康熙時期的條文中，規定乳婦應為「無兒有乳之母」，其他育嬰堂則少見類似要求，極具特殊性，其原因為何？容後論之。又，乾隆時期條規表示，乳婦是由「董事驗看乳汁」，雖可見育嬰堂對揀選乳婦一事之慎重，但是否有違男女之防，又董事能否辨識乳汁優劣。因此，在乳婦入堂過程中，實需女性堂役、官媒等人的參與。

在黃六鴻《福惠全書》中表示，雇用乳婦「須憑媒保照例立僱券，以防來歷不明之弊。」[21]其中「媒保」一職，據元人徐元瑞《吏學指南》稱：「媒合成婚曰媒，相托信任曰保。」[22]陳宏謀〈育嬰堂條規事宜冊〉中規定：「凡有願乳遺嬰者，令其夫至堂內報明，堂長親至其地，相其乳色，務擇年壯有乳之人，取兩

---

[20] 杭州育嬰堂官僚化過程的討論見第一章第二節，註釋第78條。
[21] 〔清〕黃六鴻，《福惠全書》，卷31，〈庶政部·育養嬰兒〉，頁17b。
[22] 〔元〕徐元瑞撰，《吏學指南》（收入《居家必用事類》，東京：株式會社中文出版社，1984），〈良賤孳產〉，頁54b。

隣結狀，保領文約，將姓名、居址、年庚詳登號簿，俟有遺嬰按冊給養。」[23]《（乾隆）長沙府志》亦載，倘若有意願入堂為乳婦者，應由「伊夫赴堂報明姓氏、住址」，檢驗乳汁後，方可入冊註明，等待派嬰。[24]江蘇江都育嬰堂也規定，乳婦應由官媒保送入堂。[25]可見，大多數的育嬰堂要求，乳婦入堂需由官媒或媒婆引薦，或丈夫、親族陪同，不許獨自應役。此外，道光時期的〈陝西育嬰堂條規〉中，除了重申入堂程序外，官媒不僅作為保人，還必須預先留意乳婦的適當人選，成功引薦便得酬金，可見其「穿針引線」之能：

> 凡有投充者，或由官媒婆引薦，先擇老成官媒婆一名，著其預先留神，如僱乳婦一名給錢三百文，僱僕婦一名給錢一百文。或其夫男及親人挈來。俱當報明姓名、籍貫、住址、生業、本婦氏某、若干年歲。[26]

值得注意的是，以上列舉案例，提及官媒作保的多是官營育嬰堂。官媒乃衙門中的女差役，能掌握地方女性的消息，進而被調

---

[23] 〔清〕陳宏謀，《培遠堂偶存稿》，卷1，〈文檄・育嬰堂條規事宜冊〉，頁46a。

[24] 〔清〕呂肅高修，張雄圖纂，《（乾隆）長沙府志》，卷23，〈政績・呂肅高・詳定育嬰堂條規〉，頁79a。

[25] 〔清〕謝延更等修，劉壽增纂，《（光緒）江都縣續志》，卷12下，頁16b。

[26] 〔清〕徐棟輯，《牧令書》，卷15，〈保息・崇綸・陝西育嬰堂條規〉，頁27b。

派協助善堂的運作。另外，別於晚明的會員制度，會員會留意周遭是否有懷有身孕的女性，育嬰堂人事組織漸臻成熟之後，則另有差役負責。

上引史料中，驗看乳汁及身體狀況者，雖有由董事、堂長負責之例，但以女性負責驗乳仍較為普遍。例如高郵州育嬰堂，是交由董事女眷中親近信任者，負責「驗看乳婦乳汁」。[27]據《（光緒）奉化縣志》記載，奉化縣育嬰堂因兼採堂內、堂外救濟，故有住堂乳婦與外育乳婦之分。其中，住堂乳婦需負責驗看外育乳婦的乳汁狀況，[28]亦見乳婦工作內容之龐雜。至於分工較為縝密的松江育嬰堂與江寧育嬰堂則有專人驗看。松江育嬰堂規定，無論內育或外領乳婦，皆由「保人保到，交女司事滴乳」。[29]江寧育嬰堂則規定，投充乳婦者，由妥實人、丈夫或親人送來後，再由「總棚頭」查驗乳汁優劣。[30]

乳婦入堂必須有保人陪同，再由女性堂役驗乳兩道程序，不過實際狀況與理想規範間仍有所落差。乾隆三十三年（1768），福建官方頒布〈育嬰堂條規〉，止是因為育嬰堂「日久弊生，不無廢弛」，遂設立條規「清釐弊竇」，以達到「公項不致虛糜，

---

[27] 〔清〕楊宜崙修，夏之蓉等纂，《（嘉慶）高郵州志》，卷1，〈公所〉，頁66b。

[28] 〔清〕李前泮修，張美翊纂，《（光緒）奉化縣志》，卷3，〈建置下〉，頁18a。

[29] 〔清〕博潤等修，姚光發等纂，《（光緒）松江府續志》，頁8a-b。

[30] 〔清〕涂宗瀛，《（同治）江寧府重建普育堂志》，卷5，〈新建育嬰堂章程〉，頁17b。

孩婦均沾實惠」。福建轄下府縣之育嬰堂，都要遵照條規行事，不得虛應故事。[31]其中有一則乳婦冒領工食的記載：

> 近查有已歷五、六年而仍充乳婦者，本身無乳，冒領工食，私□□堂代為兼乳，以致兩孩均難充飽。有已經革退，捏姓復充者。更有本非乳婦，借抱人子女、冒領工食者。[32]

這類案例收入省級官書中，可見此種情況之棘手，又或已非首次發生，為革除冒濫弊端，乳婦入堂程序也逐漸嚴格。高郵州育嬰堂規定每名外堂乳婦皆給「腰牌」一只，在上註明「夫名、住址、鄰佑，及己嬰男女、年歲，堂嬰頂髮、箕斗」，作為識別之用。[33]南匯育嬰堂則是配給堂嬰腰牌一面，載明其名字、箕斗與髮旋，發給領養乳婦收執，作為查核之用。[34]總之，乳婦入堂至少通過兩道程序，如此謹慎的規定，相較於其他堂役之任用，顯得十分特殊。一方面，是為有效管理，防範來歷不明者前來應

---

[31] 〔清〕《（同治）福建省例》（影印國立臺灣大學戴炎輝教授珍藏本抄錄，收入《臺灣文獻叢刊》，第199種，臺北：臺灣銀行經濟研究室，1964），〈育嬰堂條規〉，頁472-473。

[32] 〔清〕《（同治）福建省例》，〈育嬰堂條規〉，頁473。

[33] 〔清〕楊宜崙修，夏之蓉等纂，《（嘉慶）高郵州志》，卷1，〈公所〉，頁66a。

[34] 〔清〕金福曾等修，張文虎等纂，《（光緒）南匯縣志》，卷3，〈建置志〉，頁294。

徵，以免有害堂嬰。另一方面，對住堂乳婦而言，則反映出女性若欲離開家庭外出工作，仍需經過丈夫或親屬的同意。

乳婦的揀選條件，仍以健康狀況、年紀少長與性情優劣等最為重要。上述入堂程序，其中一道便是在堂嫗或女司事前「滴乳」驗證。堂規大多指出，乳婦應選擇「淳良年壯」、[35]「壯實穩重」、[36]「年壯乳多」，[37]乳汁則「乳色濃厚」、[38]「乳漿濃足」[39]者。然而，堂規中揀選乳婦的標準如何訂定？士紳可能依據的資源又為何？

進一步考察醫書等資料，選擇乳婦一事，早在劉宋時期，醫生陳延之《小品方》已指出：

> 乳母者，其血氣為乳汁也。五情善惡，血氣所生也。乳兒者，皆宜慎喜怒。夫乳母形色所宜，其候甚多，不可悉得。今但令不胡臭、瘻瘤、尪瘦、氣味、瘑疥、癬瘙、白禿、癧瘍、瘚脣、耳聾、齆鼻、癲眩，無此等病者，便可飲兒也。師見其故灸瘢，便知其病源也。[40]

---

[35] 〔清〕鄭澐修，邵晉涵纂，《（乾隆）杭州府志》，卷51，〈卹政〉，36b。
[36] 〔清〕余麗元纂修，《（光緒）石門縣志》，卷3，〈養育〉，頁94a。
[37] 〔清〕楊文駿修，朱一新纂，《（光緒）德慶州志》，卷7，〈賑卹〉，頁41b。
[38] 〔清〕余治，《得一錄》，卷3，〈育嬰堂章程〉，頁3b。
[39] 〔清〕戴肇辰，《從公續錄》，卷1，〈育嬰章程〉，頁27b。
[40] 〔日〕丹波康賴，高文鑄等校注，《醫心方》（北京：華夏出版社，2011），卷25，頁505引《小品方》。

陳延之認為選擇乳母，應兼顧其身、心狀況，並羅列諸多病症，舉凡有胡臭體味、腫瘤、疥瘡或皮膚病等症狀之婦人，皆不宜採用，以確保乳汁品質。其後，孫思邈（581-682）的《千金方》和《崔氏》也大致沿襲此說。隋代的《產經》在上述疾病外，又指出乳母的形相，若是「黃髮黑齒、目大雄聲、眼睛濁者」，是為「淫邪」。體態方面，若「其椎項節、高鼻長口、大臂、脛多毛者」，則「心不悅相」，又若「手醜惡、皮厚骨強、齒齗口臭、色赤如絳者」、「身體恆冷，無有潤澤，皮膚無肌而瘦癃者」，則是「勝男」、「多病」之相，皆不宜擔任乳母。[41]南宋陳自明（1190-1270）在《婦人大全良方》中，兼採《產乳集》、《楊氏嬰兒論》、《巢氏病源》與《嬰童寶鑒方》等隋唐時期醫方，綜合論曰：

> 擇乳母，須精神爽健，情性和悅，肌肉充肥，無諸疾病。知寒溫之宜，能調節乳食。奶汁濃白，則可以飼兒。[42]

陳自明延續歷代醫者對乳母精氣、神智與性格之要求，並以「無

---

[41] 〔日〕丹波康賴，高文鑄等校注，《醫心方》，卷25，頁501引《產經》。關於漢唐之間的醫籍《小品方》、《產經》、《千金方》與《崔氏》中對於乳母的要求，相關討論參見李貞德，《女人的中國醫療史——漢唐之間的健康照顧與性別》，〈第五章・重要邊緣人物——乳母〉，頁221-224。

[42] 〔宋〕陳自明，《婦人大全良方》（收入《文淵閣四庫全書》，742冊，影印國立故宮博物院藏本，臺北：臺灣商務印書館，1983），卷24，〈產乳集將護嬰兒方論〉，頁9a-b。

諸疾病」含括前人醫書「多病」、「淫邪」之病相，最重要的仍是乳汁濃醇。惟「知寒溫之宜，能調節乳食」一語，雖然是在乳母「被選擇」的語境下書寫，但轉而要求乳母必須掌握乳哺嬰兒的方法，凸顯在乳哺一事上，乳母育兒經驗的重要性。

　　元末醫者朱震亨（1281-1358）在《格致餘論・慈幼論》中指出，小兒「陰長不足，腸胃尚脆而窄，養之之道，不可不謹」，凡是衣物厚薄、飲食宜忌皆應謹慎護理。至於「乳子之母，尤宜謹節」，特別是哺乳者的飲食將影響乳汁品質。但較「飲食之擇」更為重要的是，「乳母稟受之厚薄，情性之緩急，骨相之堅脆，德行之善惡，兒能速肖，尤為關係」。[43]朱氏並未羅列各種不宜擔任乳婦之疾病，反而關注乳母先天的氣質、性情、形體與德行問題，以及對小兒的影響。朱震亨及其後之丹溪學派，對明清醫學知識影響頗深。[44]例如，明代醫者王鑾著《幼科類萃》，在〈慎擇乳母〉一節中便引用朱震亨的說法。[45]

---

[43] 〔元〕朱震亨，《格致餘論》（影印《古今醫統正脈全書》本，北京：中華書局，1985），〈慈幼論〉，頁7-8。

[44] 關於朱震亨的醫學理論及丹溪學派在明代以降之發展，參見張學謙，〈從朱震亨到丹溪學派——元明儒醫和醫學學派的社會史考察〉，《中央研究院歷史語言研究所集刊》，86：4（臺北，2015.12），頁777-809。

[45] 〔明〕王鑾，《幼科類萃》（影印明嘉靖十三年刊本，北京：中醫古籍出版社，1984），卷1，〈慎擇乳母〉，頁7b，曰：「凡乳母稟賦之厚薄，情性之緩急，骨相之堅脆，德行之善惡，兒能速肖，尤為關係。殊不知漸染既久，識性皆同，猶接木之造化也，故不可不擇也。」熊秉真引用此說，作為明代醫者對乳母的性情德行要求的例證。參見，熊秉真，《幼幼：傳統中國的襁褓之道》，〈第五章・乳與哺〉，頁116。不過，此說實乃元末朱震亨之語，明代醫者應是延續其說並非新創。

明代醫方或側重性情，或羅列不宜擔任乳母之疾病，大致是延續歷代醫者的看法。亦有醫者排斥身體殘疾，或惡貌者擔任乳母。[46]朱惠民（1573-1619）《慈幼心傳》表示：「乳者以氣血化而成乳汁也，立情善惡悉是血氣所生，故乳母宜擇清潔、純厚、篤實，及乳濃厚者為佳。若殘疾、陋惡，及乳清淡者不宜用。」[47]朱氏不僅延續中古以降「血氣為乳汁」的看法，更注重性情，並強調「殘疾」、「陋惡」者不宜擔任乳母。王大綸《嬰童類萃・擇乳母論》綜論諸家說法，認為「凡擇乳母，須要婉靜寡慾，無痼疾並瘡疥者」，又詳細論曰：

　　　且兒稟父母之精血，化育而生。初離胞胎，血氣脆弱，憑乳母之乳而生養焉。乳母肥實，則乳濃厚，兒吮之則氣體充實；乳母瘦瘠，則乳清薄，兒吮之則亦清瘦體弱。壯實肥瘦，係兒終身之體格非小故也。強悍暴戾，和婉清靜，亦習隨乳母之性情，稍非其人，兒亦隨而化矣，猶涇渭之分焉，源清則派清，源濁則派濁。又有體氣者，兒吮此乳，則腋下狐臭不免。又有生過楊梅瘡者，兒吮此乳，即生此瘡，如出痘症，十難全一。父母有此瘡者，胎中受毒，出痘亦然。餘目擊非藥所能救者，擇乳母可

46　熊秉真，《幼幼：傳統中國的襁褓之道》，〈第五章・乳與哺〉，頁116。
47　〔明〕朱惠民，《慈幼心傳》（明萬曆間潘氏重刊本，臺北：國家圖書館藏），〈擇乳母〉，頁4a。

不慎歟。[48]

明代以降的醫方綜論歷代醫者的說法，乳母的揀選條件更趨嚴格，也凸顯乳母在幼兒乳養一事的重要性。此外，選擇乳母是中上家庭獲得新生兒的要事，家訓中也有所記載。晚明士人徐三重（字伯同，生卒年不詳），松江華亭人，官拜刑部主事。在徐氏《家則》中，提及乳母應選擇「溫良端謹，非暴戾奸竊」者，[49] 似以性情為主要考量。醫書、家則因史料性質不同，或各有側重面向，但總觀其條件則大抵相同。

育嬰堂條規在選擇乳婦的條文中，未如醫方逐一列舉不宜之疾病，但仍有詳細規範。例如〈陝西育嬰堂條規〉記載：

> （乳婦）如在三十上下，體壯乳足者為合式。不滿二十者，乳汁縱濃，恐其年輕不善哺育。年過四十者，血氣

---

[48] 〔明〕王大綸，《嬰童類萃》（北京：人民衛生出版社，1983），卷上，〈擇乳母論〉，頁7-8。熊秉真認為王大綸〈擇乳母論〉是綜合諸說，較特別的是提出曾患楊梅瘡者不宜擔任乳婦，參見，熊秉真，《幼幼：傳統中國的襁褓之道》，〈第五章·乳與哺〉，頁117。據現代學者研究，明清時期醫者所謂「古方未載」的楊梅瘡，可能是「梅毒」（syphilis），是由梅毒螺旋體造成的性傳染病。明清時人多將楊梅瘡與性、色慾連結，尤在晚明商品經濟、城市生活蓬勃發展的背景下，記載中的患者多在旅行途中因氾濫的性生活、嫖妓致病。楊梅瘡患者多具有淫夫淫婦、淫邪之人的形象。參見，林佳，〈明清醫家對楊梅瘡的認識〉（臺北：國立臺灣大學歷史學系碩士論文，2018），特別是第四節「楊梅瘡的隱喻與疾病形象」，頁72-91。本書進一步推論，王大綸認為小兒天生患有楊梅瘡，可能來自於父母，即「胎毒」，但藉由乳汁傳染亦是一途。倘若時人對於此病具有負面認識，乳母若曾患有楊梅瘡可能也在暗指其性格上的缺點。

[49] 〔明〕徐三重，《鴻洲先生家則》（收入《四庫全書存目叢書》，子部第106冊，影印北京圖書館藏清鈔本，濟南：齊魯書社，1995），頁25b。

就衰，乳必不充，以及不論年歲，黃瘦有病之婦，概不濫收。……詳細查明並驗明面目純善、身無疾病、乳漿濃足方准投充。[50]

從陝西育嬰堂條規得知，乳汁濃厚固然是揀選乳婦的基本準則，但哺育的經驗又更為重要。相較於醫方、家訓一類史料，詳定乳婦年齡是條規中較為特殊之處。故乳婦入堂時需報明「若干年歲」，以檢驗是否符合條件。江寧府育嬰堂規定，乳婦應選擇「三十歲上下，體壯乳足者」，且「面目純善」、「乳漿濃足、身無疾病、疥瘡」。[51]光緒年間，阮本焱《求牧芻言》記載，乳婦應由「二十歲外、三十歲內，血氣充盈，生育未久者」充當。[52]另外，乳婦「新產子女是否因病不育」也應查明，一方面是在調查乳婦本生子女的狀況，另一方面可能在確認乳婦的乳汁良窳及照護能力。值得注意的是，《（光緒）奉化縣志》亦規定，乳婦宜擇「年在三十內外，乳汁濃足，身無瘡疾」者。但條規中又依照乳婦的乳汁多寡，分為全乳、半乳與無乳三類，分別照養周歲內外、二歲外與斷乳之嬰。[53]可見，仍有無乳之婦入堂

---

[50] 〔清〕徐棟輯，《牧令書》，卷15，〈保息・崇編・陝西育嬰堂條規〉，頁27b-28a。

[51] 〔清〕涂宗瀛，《（同治）江寧府重建普育堂志》，卷5，〈新建育嬰堂章程〉，頁17b。

[52] 〔清〕阮本焱，《求牧芻言》（影印光緒年間刊本，臺北：文海出版社，1968），卷八，〈飭發育嬰堂章程諭〉，頁7b。

[53] 〔清〕李前泮修，張美翊纂，《（光緒）奉化縣志》，卷3，〈建置下〉，頁18a。

充當乳婦之例，惟其薪資可能有高低之別，詳見下節申論。

第二節　聘期與報酬

　　乳婦以乳汁親餵堂嬰，多為生產不久的女性。惟乳汁分泌
會日益減少，此則影響乳婦的聘期長短。乳婦的任期多在二至三
年，《（咸豐）濟寧直隸州志》記載：「查民間僱乳，立約必言
定三年，僱銀十兩，管其衣食，蓋嬰孩於三年之後自能飲食，毋
庸乳母故也。」[54]因此，山東濟寧州育嬰堂比照民眾聘僱乳婦的
慣例，規定乳婦的聘期為三年。而且，嬰孩長至三歲，多能自己
飲食，不必乳婦時刻在側。光緒年間，浙江湖州府長興育嬰堂
規定，聘用乳婦以「兩年為期」，「乳多則留，乳少則期內更
換」。[55]可見，乳婦雖有立約，倘若乳汁不足仍會提前更換，不
迨兩年之約。多數條規並未明定聘期似因此故，[56]亦在保障堂嬰
避免因乳婦乳汁不足而挨餓。

　　第二章提及康熙十六年（1677）十一月十五日，魏禧與友人
路過揚州育嬰社，見到「婦人之襁乳嬰兒以來者百數十，當日者

---

[54]　〔清〕徐宗幹纂，盧朝安重纂，《（咸豐）濟寧直隸州志》，卷4，〈建置
四〉，頁5b-6a。
[55]　〔清〕趙定邦等修，丁寶書等纂，《（光緒）長興縣志》（影印同治十三年修，
光緒十八年增補刊本，臺北：成文出版社，1983），〈拾遺卷上‧公建‧育嬰
堂〉，頁3096。
[56]　〔清〕馬如龍撰，《（康熙）杭州府志》，卷12，〈卹政〉，頁45a。

持籌唱名，給乳直與嬰之絮衣」，深受閔象南的善行所感動。[57]
魏氏所見，是育嬰堂定期檢查堂嬰健康狀況，並給予乳婦薪資的
景象。大多數育嬰堂皆有相似的規定，例如《（康熙）杭州府
志》記載，每月初一，「乳母抱嬰至本堂，領給工錢，給以糕
餅」。倘若天候不佳，則由司會到乳母家分送工銀，並「驗嬰
之真偽與壯羸」。[58]《（光緒）嘉應州志》記載，每月初二、十
六，乳母抱嬰到堂，值理司事等人檢查堂嬰肥瘦，再發給乳婦
工錢。[59]又《（光緒）江都縣續志》記載：「每月初二、十六兩
期，司事察嬰之肥瘠，放給乳婦工食，乏乳者隨時更換。」[60]由
此可知，育嬰堂會訂定每月一至二次的例行檢查，主要檢查堂嬰
及乳婦的健康狀況，並發放乳婦的工資。

　　乳婦的報酬大致可分為薪資、實物兩類，惟不同狀況又略
有差異。例如，堂內、堂外乳婦之別。《（同治）如皋縣續志》
記載，住堂乳婦乳工為每月1100文，堂外乳婦則為每月300文。[61]
《（光緒）嘉應州志》則記載，堂外乳婦每月發給工錢1200文，
住堂乳婦則是每月1000文。[62]比較兩者歧異，推測其因：如皋縣

57　〔清〕魏禧，《魏叔子文集》，卷10，〈序・善德紀聞錄敘〉，頁517。
58　〔清〕馬如龍撰，《（康熙）杭州府志》，卷12，〈卹政〉，頁45a。
59　〔清〕吳宗焯等修，溫仲和等纂，《（光緒）嘉應州志》（影印光緒二十四年刊
　　本，臺北：成文出版社，1968），卷14，〈育嬰堂〉，頁7b。
60　〔清〕謝延更等修，劉壽增等纂，《（光緒）江都縣續志》，卷12下，頁16b。
61　〔清〕周際霖等修，周頊等纂，《（同治）如皋縣續志》（影印同治十二年刊
　　本，臺北：成文出版社，1970），卷1，〈建置〉，6a。
62　〔清〕吳宗焯等修，溫仲和等纂，《（光緒）嘉應州志》，卷14，〈育嬰堂〉，
　　頁7b。

育嬰堂收嬰一百六十餘名，但住堂乳婦只有十八名，故尚需百餘名堂外乳婦。倘若住堂與堂外乳婦薪資相同，恐怕會造成育嬰堂經費上的負擔。嘉應州育嬰堂的狀況，因資料不足難究其因，或有可能住堂乳婦已供食宿，工錢便少於堂外乳婦。

　　隨著乳婦照護堂嬰的長幼與數量多寡，也會獲得不同的待遇。例如，《（康熙）杭州府志》規定，乳母每月給銀六錢，所乳堂嬰一歲「能能進粥飯、知坐立，漸省懷抱」時，則每月減銀1錢5分。[63]換言之，堂嬰一歲四個月後，乳母便沒有薪水。這似可回答前述杭州育嬰堂條規中，乳母需為「無兒有乳之母」的緣由。因為，堂嬰雖允許良善家庭領養，但無人收養者似是交由乳母繼續照顧。到了乾隆時期，杭州育嬰堂則依據斷乳與否，給予不同待遇，其條規曰：「嬰堂各媼，領乳嬰者，每月每名給工食銀五錢，口糧米二斗；領乾孩者，每月每名給衣服銀一錢，口糧米二斗。」[64]另外，在堂嬰的照護數量方面，《（乾隆）長沙府志》規定，「每婦一名額定育嬰二名，除日給食用外，每月給辛力工貲銀六錢。」倘若堂嬰不能均分，致使乳婦「止育一嬰者」，「每月則給辛力工貲銀三錢」，「俟有續入嬰兒，仍照額派養二名，給以工貲銀六錢之數」。[65]《（光緒）江都縣續志》也規定乳婦薪資，「乳一嬰者月給一千二百文，乳兩嬰者加六百

63　〔清〕馬如龍撰，《（康熙）杭州府志》，卷12，〈卹政〉，頁45a。

64　〔清〕鄭澐修，邵晉涵纂，《（乾隆）杭州府志》，卷51，〈卹政〉，37b。

65　〔清〕呂肅高修，張雄圖纂，《（乾隆）長沙府志》，卷23，〈政績‧呂肅高‧詳定育嬰堂條規〉，頁79。

文。」[66]

　　乳婦的乳汁狀況也是影響薪資的因素，《（光緒）南匯縣志》曰：「司事分別嬰孩之大小，配乳汁之濃淡。」[67]又如《（光緒）石門縣志》記載：「乳足者一婦領二嬰，乳不足者領一嬰兼領一乾嬰。」[68]這兩個案例雖未提及乳婦的薪資，但顯示育嬰堂會依照乳婦的乳汁狀況，派給不同年歲的堂嬰。惟就上一段的討論來看，她們可能會有不同的工資。乳婦的乳汁逐漸減少不僅暗示聘期將至，其薪資也會隨之遞減。如福建《（民國）建甌縣志》中收錄的光緒年間條規載：「養嬰乳資每月給錢一千四百文，半年以後減二百文，又半年減二百文，至八百文止不再減改，以二年為滿。」[69]

　　另一因素則是乳婦的本生子女是否一同入堂。例如，陝西育嬰堂規定，倘若乳婦的子女尚未斷乳，可於投充之日，報明攜帶入堂，不過「工價減半」，且要注意是否有偏愛親生子女的情形。[70]《得一錄‧育嬰堂章程》則規定，乳婦「如有不食乳之子女准帶一人，食乳者概不准帶」。薪資方面，「乳嫗哺嬰一口月給工錢一千二百文，帶有子女者月給工錢六百文，又兼哺一口日

---

[66] 〔清〕謝延更等修，劉壽增纂，《（光緒）江都縣續志》，卷12下，頁16b。

[67] 〔清〕金福曾等修，張文虎等纂，《（光緒）南匯縣志》，卷3，〈建置志〉，頁293。

[68] 〔清〕余麗元纂修，《（光緒）石門縣志》，卷3，〈養育〉，頁94a。

[69] 詹宣猷、劉達潛修，蔡振堅等纂，《（民國）建甌縣志》（影印民國十八年鉛印本，臺北：成文出版社，1967），卷20，〈惠政〉，頁16。

[70] 〔清〕徐棟輯，《牧令書》，卷15，〈保息‧崇縆‧陝西育嬰堂條規〉，頁27b。

加錢十文。」[71]比較兩則條規得知，育嬰堂對於乳婦准帶斷乳或是食乳之嬰，並沒有一致規定，前者可能憐憫乳婦的子女仍在哺乳，後者則擔憂乳婦忽視堂嬰。相同的是，乳婦若帶同本生子女入堂，薪資都會因此減少。育嬰堂對本生子女入堂的態度，如《（嘉慶）高郵州志》所示，乳婦若有「本生子女需哺乳者」，准許一同入堂。不過，堂嬰與本生子女務必「均勻哺乳」，不得「彼此偏枯」，如有「哺乳不周」，致使堂嬰黃瘦有病，便將乳婦逐出另僱。[72]育嬰堂為防範乳婦偏愛親生子女，遂有不得自養的規定。如同治年間的杭州育嬰堂條規載：「乳媼定哺二嬰，如乳汁不足，不得勉強。倘有己子，帶來交別媼收管，以杜情弊。」[73]又如江寧育嬰堂條規所示：「僱募乳婦若任其攜帶子女並哺堂嬰，必致厚薄分心，礙難兼收。」除非乳婦之夫已故或為殘廢篤疾者，因「該兒已同無父之孤」，才准許隨同乳婦入堂。但仍要「易子而哺」、「酌減工錢」，以示區別。[74]應可合理推測，乳婦為能領取全薪，也可能選擇不帶親生子女入堂。此外，即使是堂外乳婦，凡查驗發現「私己子致嬰屠弱多病」者，則將該嬰領回堂中。[75]是以，育嬰堂雖以「救嬰」與「濟貧」為目

---

[71] 〔清〕余治，《得一錄》，卷3，〈育嬰堂章程〉，頁2b。

[72] 〔清〕楊宜崙修，夏之蓉等纂，《（嘉慶）高郵州志》，卷1，〈公所〉，頁55b。

[73] 〔清〕龔嘉儁修，李榕纂，《（光緒）杭州府志》（影印民國十一年鉛印本，臺北：成文出版社，1975），卷73，〈卹政四・育嬰堂〉，頁32b。

[74] 〔清〕涂宗瀛，《（同治）江寧府重建普育堂志》，卷5，〈新建育嬰堂章程〉，頁19b。

[75] 〔清〕博潤等修，姚光發等纂，《（光緒）松江府續志》，頁8b。

的，但在對於乳婦親生子女的態度上，或乳婦對親生子女安置的兩難上，皆凸顯育嬰堂創設目的與實踐之間，可能產生的落差。

在實物待遇方面，以長沙育嬰堂、石門育嬰堂為例。據《（乾隆）長沙府志》記載：「每婦一名，日給食米一升、粥米五合。油、鹽、蔬菜、茶水等項共銀一分，或照銀數給與錢文，每五日一發，按名給領。每月定以十日一次，每婦一名給賞肉半觔，其餘菜蔬，每日聽各乳婦令水火夫代買遞送。每婦給木牀一張、布帳一頂，夏月給涼扇一柄、篾蓆一牀，冬月給棉布被一鋪、白氈一鋪、草薦一條。」[76]《（光緒）石門縣志》記載，「乳婦一人給帳一頂，席一條。春秋二季各給布衫一件、布袴一條、布裙一條，夏月給夏布衫一件、夏布袴一條、夏布裙一條。冬月給棉被一條、草薦一條、棉襖一件、棉褲一條，皆係新棉務暖。」[77]由此得知，實物待遇多是供給堂內乳婦的日常食用、衣著與居住所需，各個育嬰堂並沒有太大差異。其採買則多由水火夫等堂役負責，並非讓乳婦外出採購。乳婦出堂時，通常需將床帳、被褥與衣褲等物，「點明收回」，不得攜出濫給，[78]亦即重複使用，以撙節經費。

在例定的薪資與實物待遇外，育嬰堂又另有獎懲制度，涉及乳婦照護堂嬰的成效，前面已稍加觸及，以下進一步詳論。據

---

[76] 〔清〕呂肅高修，張雄圖纂，《（乾隆）長沙府志》，卷23，〈政績・呂肅高・詳定育嬰堂條規〉，頁79b-80a。
[77] 〔清〕余麗元纂修，《（光緒）石門縣志》，卷3，〈養育〉，頁94a-b。
[78] 〔清〕余麗元纂修，《（光緒）石門縣志》，卷3，〈養育〉，頁94b。

《（乾隆）長沙府志》載，乳婦入堂後，「倘非年壯及黃瘦乳少，懶惰滋事，擾亂堂規者，即行驅逐另募，並追預支工食，扣留一切所用物件」。在每月例行稽查時，首事查驗堂嬰「黃瘦不堪」者，即追究該名乳婦並逐出另募；若查驗「嬰兒肥淨」者，則量加給賞以示懲勸。[79]《（嘉慶）高郵州志》亦載，每月初一、十五日，由總理董事逐名細驗堂嬰，「乳婦之勤者獎之，惰者督之，乳少貽悮者逐之，必不姑容」，避免徒以恤貧虛名，行害嬰之實。[80]《（光緒）南匯縣志》表示「查驗為育嬰要事」，故每月朔、望二口放發工錢時，董事及地方官員等需一同出席，「察嬰兒之肥瘠，驗乳哺之勤惰，定賞罰以為勸懲」，更詳細規定：

> 如有小兒本屬多病，該乳婦盡心撫養，漸見愈好者；亦有小兒本屬茁壯，乳婦調養失宜，漸致消瘦者，非臨時所能猝定。惟一月之內，由董事詳審驗看數次，庶嬰兒稔識有素，乳婦勤惰無從遮飾，如有盡心撫養，嬰兒日益強壯者，明晰開單，屆期呈縣，驗確給賞；其有乳哺失宜，嬰兒瘦者，即換人管領。[81]

---

[79] 〔清〕呂肅高修，張雄圖纂，《（乾隆）長沙府志》，卷23，〈政績·呂肅高·詳定育嬰堂條規〉，頁82b。

[80] 〔清〕楊宜崙修，夏之蓉等纂，《（嘉慶）高郵州志》，卷1，〈公所〉，頁65b-66a。

[81] 〔清〕金福曾等修，張文虎等纂，《（光緒）南匯縣志》，卷3，〈建置志〉，頁297-298。

由此可知，除了朔、望二日外，育嬰堂會派人稽查數次，以確實掌握堂嬰狀況與乳婦勤惰，再行獎懲。據條規記載，南匯育嬰堂聘有「察嬰司事」二人，專管堂外嬰孩。二人分城內、城外，再依「東、西、南、北，按日輪流往查」。倘若乳婦「不善撫養」或「乳汁乾竭」，則將堂嬰「調寄別婦領養」。[82]堂內乳婦因常住在堂，其獎懲便不限於例訂檢查，更加重視日常的照護狀況：「乳婦性情懶惰，漠視嬰兒，無故打罵，或不留心，常時跌碰，以致損傷，或成殘廢。不論有心無心，概行更換，不可徇私。」[83]可見乳婦照護堂嬰的成效不僅關乎獎懲，嚴重者更影響聘期。此外，乳婦照護堂嬰至周歲，待健康狀況穩定，讓人領養時，又另有獎賞，以慰藉其辛勞，如《（光緒）德慶州志》記載，倘若堂嬰「遇有願抱回家為兒、為媳者」，便將「花紅銀二兩八錢，交與乳母以示鼓勵」。[84]

　　由上述得知，乳婦的待遇與獎懲隨個別狀況略有差異，以下可進一步考察堂內各職的薪水及當時物價，以瞭解乳婦的待遇優劣。茲據乾隆朝《欽定戶部則例》中詳細記載工資的福建省、湖北省與廣東省為例，如表3所示。

---

[82] 〔清〕金福曾等修，張文虎等纂，《（光緒）南匯縣志》，卷3，〈建置志〉，頁294。

[83] 〔清〕金福曾等修，張文虎等纂，《（光緒）南匯縣志》，卷3，〈建置志〉，頁294-295。

[84] 〔清〕楊文駿修，朱一新纂，《（光緒）德慶州志》，卷7，〈賑恤〉，頁39b。

表3 《欽定戶部則例（乾隆朝）》人事編制及薪資表

省分	職稱	每月薪資	備註
福建省	正、副董事	10錢	
	醫生	9錢	
	外總理	8錢	
	堂役	8錢	
	內總理	7錢	
	供事	6錢	
	乳婦	5錢	哺育二周以下嬰孩
	乳婦	3錢	哺育二周以上嬰孩
湖北省	書記	6.6錢	
	乳婦	3.99錢	
	醫生	3.3錢	月給藥銀20錢
	堂役	2.5錢	
廣東省	總司	83.33錢	
	醫生	55錢	
	堂內總巡婦	16錢	
	堂役	15錢	
	常川婦	9錢	
	乳婦	13.5錢	兼哺兩嬰
	乳婦	9錢	哺育一嬰
	乳婦	5錢	哺養斷乳嬰孩

資料來源：〔清〕于敏中等纂修，《欽定戶部則例（乾隆朝）》，卷117，〈蠲卹〉，頁6a-10a。

　　首先，就育嬰堂的人事組織來看，乳婦的薪水幾為最低，只有湖北省例外。但就三個省份來看，湖北省的乳婦工資為3.99錢，並不突出，堂役薪資亦是三個省份中最低，應是湖北省育嬰

堂的待遇偏低所致。至於福建、廣東省的情形,乳婦的待遇與本節上文所論相符,哺育斷乳之嬰者薪資較少,哺育食乳之嬰或兼哺多嬰者薪資較多。值得一提的是,廣東省育嬰堂的編制中有堂內總巡婦、常川婦與乳婦三類女性堂役,她們的薪資各有高低,卻未必較男性堂役為低。可見,性別並非影響薪資多寡的因素,而與工作性質及其在編制中的層級有關。從上一章的探討可知,育嬰堂的人事組織是在康、雍、乾時期逐漸形成。初創時期的育嬰堂,其組成較為簡單,只有創設者與乳婦。值得注意的是,隨著堂內人員增加,縱使乳婦肩負照護堂嬰要職,幾乎一刻不離,其薪資與層級卻是最低。

　　其次比較乳婦的薪資與物價。十八世紀時,福建福州的米價為每石0.9兩至1兩之間,[85]乳婦的薪資約可購得0.5至0.3石米,足供兩人月需糧食;乾隆年間,湖北省的米價每石約在1.2兩至1.5兩之間,[86]乳婦約可購得0.3至0.2石米,僅當一人月需米糧;廣東省的米價每石約在1.3兩至1.7兩之間,[87]兼哺兩嬰者約可購得1石米,哺育食乳之嬰者約0.5石,哺育斷乳之嬰者約0.3石。整體看來,除了廣東省育嬰堂兼哺兩嬰之乳婦,可購得5人月需糧食外,乳婦的薪資大多只能滿足1至2人一月所需。若以平均家戶人

---

[85] 王業鍵指出十八至二十世紀中國的每年人均穀物消費量為2.6石,月均為0.21石。王業鍵著,陳春聲譯,〈十八世紀福建的糧食供應與糧價分析〉,頁72、82。

[86] 乾隆年間湖北省平均糧價資料,參見中央研究院近代史研究所「清代糧價資料庫」,https://reurl.cc/zq8GN,擷取日期:2019年4月4日。

[87] 乾隆年間廣東省平均糧價資料,參見中央研究院近代史研究所「清代糧價資料庫」,https://reurl.cc/NY6Xq,擷取日期:2019年4月4日。

口數四至五人來看，實不足以維持其家一月米糧所需。[88]總之，從薪資制度來看，乳婦一職應以「補充」家庭收入的性質為主。但若擔任堂內乳婦，育嬰堂會供給食宿與日常所需，每月工資則可以用於家庭，對於產後不久的女性而言，不失為略補家庭收入的營生方法。

小結

　　本章主要討論明清育嬰堂乳婦的來源與待遇。受到育嬰堂「濟貧」理念、設置地點及便於稽查的因素影響，乳婦的來源以育嬰堂附近生產不久的貧家婦女為主，得以接受救濟的女性相當有限，城市的育嬰堂難以濟助鄉村地區的女性。因此，「城市育嬰堂能否救濟鄉村女性」此一問題，我們可以得知，第一，從堂規限制乳婦來源的距離一事得知，在育嬰堂原先的規劃中，救濟範圍便是有侷限性的。換言之，城市的育嬰堂並不以救濟鄉村女性為主要目的。第二，藉由湖南石門縣洲錢接嬰堂與廣東德慶州莫村育嬰分堂兩個案例得知，清中晚期小型育嬰機構的設置，鄉村女性便有機會入堂充當乳婦。

　　育嬰堂在擇乳婦一事上十分謹慎，兼重乳婦的來歷與身心狀

---

[88] 需補充說明的是，薪資雖有定制且少有變動，但仍會隨物價波動調整，如江西《（同治）九江府志》規定，工錢、米糧需「按時價折給錢文」。參見，〔清〕達春布修，黃鳳樓纂，《（同治）九江府志》（影印同治十三年刊本，臺北：成文出版社，1975），卷13，〈建置〉，頁34b-35a。

況。尤其乳婦若未經挑選，並詳實登記，將造成不少弊端，更會影響嬰兒照護的成效，實為經營者需要悉心辦理的要事。關於選擇乳婦的條件，比較育嬰堂條規與他類史料記載，無論在乳婦的身體狀況及性格方面的要求，皆極為相似。我們雖難以溯源士紳設立條規所依據的資料，士紳可能透過醫書獲得醫學知識，也可能憑藉家中選擇乳母的經驗。另外，能聘請乳母照護新生兒的家庭多屬中上階層，醫方、家訓的閱讀對象也以此一階層為多，可見士紳對堂嬰照護一事的態度十分慎重。不過，堂嬰所受的實際待遇如何，與士紳的理想是否有很大的差距，或許從堂規對乳婦的工作要求可以得到答案。

梁其姿在〈明清社會中的醫學發展〉文中主張：明清的醫學未出現權威的監督制度，各種醫學知識隨印刷業的發展傳播；或隨著各類醫療者遊走於不同社會階層時，將醫療知識滲透於社會之中；又或藉由施醫、施藥的慈善組織穩定藥物市場。[89]本書藉由育嬰堂選擇乳婦的討論認為，擇乳母既屬小兒醫方，便可將育嬰堂視為明清醫療知識傳遞的場域之一。至於此項知識的實踐者，則是負責擔保與驗看乳婦的官媒、穩婆與女性堂役。不過，她們未必完全依循條規，更可能憑藉自身經驗而行，顯示女性並不單是條規與醫療知識被動的實踐者。最後，醫書由男性醫者著

---

[89] 梁其姿，〈明清社會中的醫學發展〉，收入生命醫療史研究室主編，《中國史新論‧醫療史分冊》（臺北：中央研究院、聯經出版事業公司，2015），頁307-335。

述，育嬰堂條規亦為士紳所訂，看似由男性揀選女性。惟實際運作過程中，更可能是由士紳妻母或女性堂役選擇乳婦，凸顯男女之防以及女性之間的階層之分。此外，女性堂役、官媒或穩婆等人，即使有作保之責，仍不能理所當然地認定她們會依照醫書與條規而行，自身經驗或人際關係可能也是薦選與否的因素。

值得一提的是，育嬰堂注重乳婦德行，可能是延續歷代醫方記載。不過，從明清慈善組織的創設目的來看更別具意義。晚明同善會規定：「不孝不弟、賭博律訟、酗酒無賴，及年力強壯、遊手遊食以至赤貧者，皆不濫助。」[90]明清善會、善堂會藉由篩選救濟者的資格，以區辨良賤，達到重整社會道德秩序的目的。[91]因此，育嬰堂要求乳婦「淳良」、「純善」，則與透過認定救濟者的道德優劣，以達到教化之目的不謀而合。

在待遇方面，乳婦隨著照護的堂嬰年歲、數量、乳汁狀況及親生子女等不同情況會有不同的報酬。育嬰堂會在常例以外，根據乳婦照護堂嬰的成效優劣，另訂獎懲制度。值得注意的是，從報酬來看育嬰堂對乳婦親生子女的態度，以及乳婦是否攜同子女入堂的困境，都凸顯育嬰堂「救嬰」與「濟貧」的兩大理想，在實際運作中難以兩全的窘境。

---

[90] 〔明〕陳龍正，《幾亭全書》（收入《四庫禁燬書叢刊》，集部第12冊，影印中國社會科學院文學研究所圖書館藏清康熙雲書閣刻本，北京：北京出版社，2000），卷23，〈政書·鄉籌·同善會〉，頁16a-b。

[91] 梁其姿，《施善與教化：明清的慈善組織》，〈第二章·明末清初民間慈善組織的興起〉，頁57-62。

第三章
乳婦的工作內容與生活規範

凡嬰用尿布，寒天更換時，觸手易生怨言，即親生尚不免此，況撫堂嬰，每偷懶不肯勤換，且布少亦不能時換，陰雨火烘，嬰每受傷致病。宜多備尿布，諭令勤換，冀免瘡瘍，亦保全之一法也。

〔清〕余治，《得一錄》，卷3，〈育嬰堂章程・經芳洲・恤嬰芻言〉

　　乳婦通過繁複的入堂程序，始能接嬰哺乳。育嬰堂會定期檢核乳婦照護堂嬰的成效，考核重點在嬰孩肥瘦及健康與否。從育嬰堂條規來看，乳婦的工作並不僅止於餵乳，從堂嬰入堂開始，她們的工作隨即展開。乳婦作為一名健康照護者，隨著堂嬰的月齡、身體狀況不同，乳婦將面對的工作內容為何？乳婦既以乳汁親餵幼兒，飲食、身心方面又有何規範？當乳婦入堂以後，在起居方面又有何限制？欲瞭解乳婦的工作內容與規範，可從條規所列照護堂嬰的注意事項窺知。

第一節　嬰兒照護與飲食忌宜

　　乳婦的主要工作是照護堂嬰，育嬰堂收容嬰兒主要有下列方式：有人會親自將新生兒送入，或由路人轉交；有些育嬰堂會在門口設置木箱，待人將棄嬰放入箱中，堂役再送入嬰堂；也有育嬰堂會派人到外巡視，主動收養棄嬰。[1]嬰兒收養入堂時，需要通過一定程序，再交由乳婦負責。以《（嘉慶）高郵州志》為例，高郵州育嬰堂除堂外設置一座木箱，「聽人早晚送嬰箱內安置，本堂即時收養」。又在四個城門外各設一座木箱，待人「送嬰到箱」，再由看管城門的士兵轉送嬰堂。嬰兒入堂時，管事人無論嬰兒性別，皆應查明年庚、八字，細看手指指紋，逐一登記螺、箕，再編號入冊，派婦乳養。[2]光緒年間，浙江奉化縣育嬰堂也規定，嬰兒入堂時，司帳應驗明其男女與身體特徵，如「頂髮旋暈，單雙偏正，左右手指螺紋，有無痣疤瘡疾」。並查明嬰兒生辰，及本生父母姓名、居所，詳載於冊，以供備查。[3]《得一錄・育嬰堂條規》中除了要求查驗身體特徵外，針對嬰兒生辰，應檢查「衣中有無生辰、年更」，若無則以「所到年月日時

---

[1]　梁其姿，《施善與教化：明清的慈善組織》，〈第三章・慈善組織的制度化（1655-1724）〉，頁92。

[2]　〔清〕楊宜崙修，夏之蓉等纂，《（嘉慶）高郵州志》，卷1，〈公所〉，頁55。

[3]　〔清〕李前泮修，張美翊纂，《（光緒）奉化縣志》，卷3，〈建置下〉，頁18a。

為八字」。[4]

　　嬰兒入堂，以稽查家庭狀況、嬰兒生辰、姓名，並驗明男女、身體特徵及有無疾病為要事，〈陝西育嬰堂條規〉中又有詳細規範：嬰兒送堂之後，委員董事應查明「姓名、籍貫、住址、年庚、嬰父生業或係遺腹、嬰母活計」等來歷。無從稽查者，則在堂內聖母座前，設立籤筒，以百家姓為籤，「於神前虔卜抽簽為姓」，名字則由委員依循「男嬰以金字為排，女嬰以玉字為排」的原則命名，並以入堂之時作為生年日月。更重要是的是，應檢查嬰兒「面貌肥瘠、能否吮乳」與有無疾病，例如：「胎紅、胎黃、急驚、慢驚、鵝口油瘋等類」。胎紅應指胎赤，胎中受毒熱導致初生皮膚赤紅；胎黃則是母體濕熱使小兒受熱毒，以致初生兒皮膚偏黃（即今之「新生兒黃疸」）；[5]急、慢驚則是小兒突發抽搐無力等症狀；[6]鵝口則是小兒「白屑生滿口舌」的口腔疾病，[7]上述症狀大多可從外表觀察得知。若為內症，則要

4　〔清〕余治，《得一錄》，卷3，〈育嬰堂章程〉，頁2b。夫馬進則質疑，生辰八字暗示人的命運，也是婚配時的重要標準，何以雙親選擇棄嬰，卻為子女留下攸關未來的重要線索。參見，夫馬進著，伍躍、楊文信、張學鋒譯，《中國善會善堂史研究》，〈第六章．清末的保嬰會〉，頁272-273。本書則認為，正因生辰八字關係到未來大事，雙親仍希望子女能有好的將來，才在幼兒衣服中留下生辰八字。

5　〔清〕吳謙著，《醫宗金鑑》（臺北：世一書局，1993），卷5，〈編輯幼科雜病新法要訣．初生門〉，頁23-24。

6　〔清〕吳謙著，《醫宗金鑑》，卷5，〈編輯幼科雜病新法要訣．初生門〉，頁27-28。

7　〔清〕吳謙著，《醫宗金鑑》，卷5，〈編輯幼科雜病新法要訣．初生門〉，頁19。

小兒「吮乳試之」。另陝西育嬰堂不收大於兩歲，或重病待斃，或正出天花之嬰孩。[8]仔細檢查小兒身體狀況，避免身患傳染病者入堂，以致集體染病。或是在查驗堂嬰時，能依照紀錄區別舊疾或乳婦照護不周所致的新傷。[9]

　　通過檢查後的堂嬰，司事會派婦乳養，造冊備查。上一章曾提及，司事會依照乳婦的乳汁多寡，分派不同年紀的嬰兒。又為讓乳婦能專心照顧堂嬰，乳婦與嬰兒的分配，多是「一婦止領一嬰」，[10]至多兩名。又有部分育嬰堂會將斷乳堂嬰交由老嫗照顧，或另聘「乾嫗」照管。不過，大多育嬰堂並未加以細分，顯示同以乳婦之名入堂，卻不一定都是親餵乳汁，部分乳婦的工作性質更接近保姆。然而，照顧嬰兒原就耗費體力、精神，況且大多數堂嬰，出生不久便被棄養，體弱多病者不少，更需細心照料。以下依照堂嬰入堂後，乳婦可能面對的各種情境，並參酌醫書記載，以考察乳婦的工作內容。

初入嬰堂：洗浴、去寒與斷臍

　　嬰兒接受檢查後，便交由老婦擦洗，再傳喚乳婦接養；[11]或

8　〔清〕徐棟輯，《牧令書》，卷15，〈保息‧崇綸‧陝西育嬰堂條規〉，頁28b。

9　〔清〕金福曾等修，張文虎等纂，《（光緒）南匯縣志》，卷3，〈建置志〉，頁297-298。

10　〔清〕楊宜崙修，夏之蓉等纂，《（嘉慶）高郵州志》，卷1，〈公所〉，頁65b。

11　〔清〕呂肅高修，張雄圖纂，《（乾隆）長沙府志》，卷23，〈政績‧呂肅高‧詳定育嬰堂條規〉，頁80b。

直接由乳母為其洗去汙垢，換上堂衣；[12]或以「熱水洗擦」，並以「布條裹護」，使其不致受凍。[13]倘若，嬰兒入堂正值酷寒，則令乳婦「袒懷護抱」，直至嬰兒四肢溫暖、啼聲響亮，惟不宜以火烘之，以免「寒氣內攻，釀成不治」。[14]然而，堂嬰「或由鄉間襁負奔馳，或係城市路旁儉拾」，易於感染風寒或潮濕之氣，必須以「蔥白三寸、豆豉七粒、生薑一片」煎煮成藥，讓嬰兒服用，以去除風寒暑濕引起的疾病。[15]醫方記載，此方為「右剉散」，主治小兒風寒、熱症。[16]依照堂規，嬰兒多來自鄉間、路旁等惡劣環境，洗淨身體似為首要。依循醫方，洗浴小兒實需視臍帶情況而定。[17]不過，堂嬰狀況較為特殊，恐難以遵循醫家

---

[12] 〔清〕楊文駿修，朱一新纂，《（光緒）德慶州志》，卷7，〈賑恤〉，頁42a。

[13] 〔清〕阮本焱，《求牧芻言》，卷8，〈飭發育嬰堂章程論〉，頁7b。

[14] 〔清〕李前泮修，張美翊纂，《（光緒）奉化縣志》，卷3，〈建置下〉，頁18b。

[15] 〔清〕徐棟輯，《牧令書》，卷15，〈保息‧崇綸‧陝西育嬰堂條規〉，頁28b-29a。相似記載見〔清〕余治，《得一錄》，卷3，〈育嬰堂‧育嬰良法〉，頁9a。

[16] 〔清〕陳夢雷等纂輯，《古今圖書集成》（上海：中華書局，1934），總卷438，醫部卷418，〈博物彙編‧藝術典‧醫部‧小兒風寒門〉，頁59。

[17] 關於初生小兒洗浴，中古時期醫者主張應在斷臍之前，避免浴水浸透臍帶致病，又不宜以生水洗浴，如隋代《產經》：「先浴之，然後斷臍裹之，吉。」唐代孫思邈曰：「乃先浴之，然後斷臍。」宋代醫書《小兒衛生總微論方》曰：「兒才生下，須先洗浴，以盪滌污穢，然後可斷臍也。若先斷臍，則浴水入臍而為臍瘡等病。」到了明清時期，醫者則以擦拭代替洗浴，且有出生三日後才湯浴新生幼兒之說。史料參見〔日〕丹波康賴，高文鑄等校注，《醫心方》，卷25，頁502引《產經》；〔唐〕孫思邈，《備急千金藥方》（影印江戶影寫宋刻本，臺北：宏業書局，1995），卷5上，〈少小嬰孺方上‧初生出腹第二〉，頁74；〔宋〕不著撰人，《小兒衛生總微論方》（上海：上海衛生出版社，1958），卷1，〈初生論〉，頁2。相關討論參見，熊秉真，《幼幼：傳統中國的襁褓之道》，〈第四章‧新生兒照護〉，頁88-92。不過，熊秉真針對三日浴兒是在斷臍之前

之言，洗淨身體、維持清潔仍最為重要。

　　無論堂嬰斷臍是在洗浴之前，抑或之後，臍帶的處理皆要
格外注意。在小兒醫方中，如何斷臍是一大重點，醫者或主張以
利器割斷，或以牙齒咬斷，或以火燒斷。[18]如隋代《產經》曰：
「凡兒斷臍法，以銅刀斷之。」[19]唐代孫思邈主張，臍帶不可
以刀割斷，「須令人隔單衣物咬斷」，再纏結。[20]宋代醫書《小
兒衛生總微論方》中，雖未提及斷臍方法，但認為臍帶傷口須
以「烙臍餅子」燒灼，再以「封臍散」封裹，[21]或有避免感染
之效。明代醫者萬全（1499-1582）則兼論二種斷臍方法，認為
「隔衣咬斷者」最佳，「以火燎而斷之」為次，「以剪斷之，以
火烙之」最次。[22]清代《醫宗金鑑》綜合歷代醫者之說，更有所
推進，並作七字口訣以利人眾記誦、實踐，其曰：「臍帶剪下即
用烙，男女六寸始合宜，烙臍炙法防風襲，胡粉封臍為避濕。」

或後並未多著墨。若按《醫宗金鑑》「浴兒」條曰：「斷臍後三日浴兒。」顯示
湯浴應是在斷臍之後，斷臍之前應是以擦拭為主。見〔清〕吳謙著，《醫宗金
鑑》，卷5，〈編輯幼科雜病新法要訣·初生門〉，頁3。

[18] 本段討論參見熊秉真，《幼幼：傳統中國的襁褓之道》，〈第四章·新生兒照
護〉，頁88-92。

[19] 〔日〕丹波康賴，高文鑄等校注，《醫心方》，卷25，頁502引《產經》。

[20] 〔唐〕孫思邈，《備急千金藥方》，卷5上，〈少小嬰孺方上·初生出腹第
二〉，頁74。

[21] 方中「烙臍餅子」是用豆豉、黃蠟與麝香混合，並製成餅狀，至於斷臍處燒灼。
「封臍散」，則是以「雄鼠糞、乾薑、甑帶、綿灰、緋綿灰、胡粉與麝香」研
磨極細而成。〔宋〕不著撰人，《小兒衛生總微論方》，卷1，〈斷臍論〉，頁
3-4。

[22] 〔清〕陳夢雷等纂輯，《古今圖書集成》，總卷422，醫部卷402，〈博物彙編·
藝術典·醫部·小兒初生護養門·幼科發揮〉，頁32。

須注意的是，斷臍用剪應先「向火烘熱」。[23]綜上所述，歷代醫者不斷尋求更好的斷臍方法，以避免新生兒因斷臍不當致病而死。雖然，堂規中未見斷臍的相關規定，但《（光緒）長興縣志》中強調，嬰兒抱送到堂應「查看臍帶」，[24]可見小兒臍帶處理的重要性。此外，一般家庭分娩、斷臍等產育場合，通常是由穩婆與女性親友擔任醫療照顧者。在育嬰堂中，堂嬰若仍未斷臍，恐怕不會傳喚堂醫入堂診治，交由乳婦或女性堂役負責的可能性較高。

　　就現代醫學觀點，如果斷臍處理不當、臍帶結縛不妥或斷臍用具不潔，將有臍帶感染、新生兒破傷風之虞，四至七日便會發病致死。[25]傳統醫方主張「臍者小兒之根蒂」，「喜溫惡涼，喜乾惡濕」，若斷臍不慎將引發「臍風」，即「水濕風冷之氣」入於臍中，致使小兒腹脹、便祕、四肢寒冷，嚴重者可能致命。[26]倘若新生兒已經斷臍，但臍帶根部尚未脫落者，仍要悉心照料。故〈陝西育嬰堂條規〉與《得一錄・育嬰良法》中皆載：

　　　　來嬰尚未落臍者，即用掩臍藥少許灑在臍中四圍，用飛過

---

[23]　〔清〕吳謙著，《醫宗金鑑》，卷5，〈編輯幼科雜病新法要訣・初生門〉，頁3。
[24]　〔清〕趙定邦等修，丁寶書等纂，《（光緒）長興縣志》，〈拾遺卷上・公建・育嬰堂〉，頁3097。
[25]　熊秉真，《幼幼：傳統中國的襁褓之道》，〈第四章・新生兒照護〉，頁71。
[26]　〔清〕吳謙著，《醫宗金鑑》，卷5，〈編輯幼科雜病新法要訣・初生門〉，頁14。

明礬末，上蓋棉花油紙，再用長裹肚包束堅周。俟臍落之後，不用礬藥，仍用棉花油紙護臍裹肚包束。

若來堂已落臍之嬰，則用棉花油紙裹肚，其未落臍十日以前，不准乳婦任意揭看、洗浴。倘當落臍之時嬰兒啼哭，可令乳婦於炕上遮風略揭些須試看。

若只落一半，即忙用棉花少許墊平，俟臍落去仍須裹束，切勿透風以損嬰命。[27]

此則條文，詳訂嬰兒未落臍、已落臍與半落臍時的照護方法，亦確知斷臍、落臍等照護工作皆由乳婦負責。條文明令乳婦「不准任意揭看、洗浴」，或需在炕上「略揭」試看等語，展現出育嬰堂對照護堂嬰的謹慎態度，以及對乳婦的要求，絕不可恣意行事。從斷臍到落臍的過程中，堂規雖有指示不同階段的護理工作，惟堂嬰的情況各不相同，仍須倚賴第一線的照護者。透過乳婦嚴謹的觀察，或輔以過去的育嬰經驗，判斷堂嬰的狀況，給予適當的照料。

另外，乳婦還要為初生幼兒清胎火與胎垢。乳婦需用「人中黃、川連各一分」，蒸煮成藥，讓嬰兒服用，以清其胎火。每日早晚，則用「熱水一盆」，「鹽洗頭面、下部」，「夏日尤宜洗

---

[27] 〔清〕徐棟輯，《牧令書》，卷15，〈保息・崇綸・陝西育嬰堂條規〉，頁28b-29a。相似記載見〔清〕余治，《得一錄》，卷3，〈育嬰堂・育嬰良法〉，頁9a。

浴」，以淨其胎垢。[28]至此，乳婦在嬰兒入堂十日之間的工作，才告一段落。

種痘

前段提及，陝西育嬰堂不收正出天花的幼兒，避免集體染病。天花是一種由天花病毒引起的急性傳染病，尤其威脅新生兒生命。天花病程大約四至六週，會有發燒、頭痛與畏寒等症狀，並全身出疹。發病前兩週最為危險，若痊癒則得以獲得免疫。天花病毒耐乾、耐寒，痘痂在乾燥狀態下，經過一年仍具傳染力。接觸患者痘痂、膿汁、衣物，或吸入其口鼻分泌物，都有傳染的風險。天花的傳染性強、死亡率高，人們不斷尋找各種方法力求對抗，直到人痘接種法問世才稍加控制。關於人痘接種法的起源眾所紛紜，或有源自印度醫者，或傳說源自北宋時期峨嵋山的神醫，但都難以確知。直到明末清初，人痘接種法才有較多的記載，且集中江南、江西一帶。因此，學者推測人痘法應源自晚明長江中游地區，17世紀晚期才進一步擴展，並發展為「痘漿種法」、「水苗種法」、「痘衣種法」、「旱苗種法」，以及較晚出現的「點苗法」。不過，正統醫者主要是調理已出痘的患者，

28　〔清〕徐棟輯，《牧令書》，卷15，〈保息‧崇綸‧陝西育嬰堂條規〉，頁28b-29a。條規所載用藥，「人中黃」，李時珍引朱震亨語曰：「竹筒入甘草末於內，竹木塞兩頭，冬月浸糞缸中，立春取出，懸風處陰乾，破竹取草，曬乾用。」可解熱毒、濕毒。〔明〕李時珍，《本草綱目》（收入《景印文淵閣四庫全書》，第774冊，臺北：臺灣商務印書館，1983），卷52，〈人之一‧人屎附人中黃〉，頁11a-b。

且認為出痘係上天命定，對人痘法多表不以為然。直至盛清，有御醫編纂痘科專書，官方出版的《醫宗金鑑》也收入人痘法，醫者的態度才逐漸轉變。19世紀初期，西方的牛痘法傳入中國，在民眾接受人痘法的基礎上，牛痘法因更加安全、有效，也逐漸被採用。[29]

　　清代中晚期的育嬰堂、保嬰會，會為堂嬰種痘，或為鄰近地區的幼兒種痘。刊刻於同治年間《得一錄》中收錄的〈保嬰會規條〉記載：「出痘為嬰兒最要緊事，而天花尤易傳染，故須每年正、二月，或八、九月種痘，囑乳母小心保護，局中酌給醫藥之費，另備稀痘丹、驚藥、螳螂子藥以資緩急。」[30]在〈育嬰堂章程〉中也記載：「堂嬰出天花最易傳染，故必須請醫種痘。每年以冬十二日，及正月為期。又平日宜預備稀痘丹為之先擦，症有輕重，乳婦有勞逸，視其痘之輕重，酌給賞錢。」[31]這兩則記載並未明確指出係採行人痘法或牛痘法。但將種痘限定於正月、二月、八月、九月與十二月，符合醫書主張的種痘吉時，因醫書強調「種痘貴得天時，得其時則種，不得其時則不種」。[32]據此，

---

[29] 關於天花傳入中國、人痘接種法的發展、正統醫師的態度、痘科專書的刊刻傳播及牛痘法的傳入，參見梁其姿，〈明清預防天花措施的演變〉，收入楊聯陞、全漢昇、劉廣京主編，《國史釋論：陶希聖先生九秩榮慶祝壽論文集》（臺北：食貨出版社，1987），頁239-253；邱仲麟，〈明清的人痘法——地域流佈、知識傳播與疫苗生產〉，《中央研究院歷史語言研究所集刊》，77：3（臺北，2006.9），頁451-516。

[30] 〔清〕余治，《得一錄》，卷2，〈保嬰會規條〉，頁3b。

[31] 〔清〕余治，《得一錄》，卷3，〈育嬰堂章程〉，頁6b。

[32] 〔清〕吳謙著，《醫宗金鑑》，卷5，〈編輯幼科種痘新法要旨‧天時〉，頁228。

《得一錄》所收條規應是採行人痘法。至於，條文中提及的「稀痘丹」則是用於緩和出痘後的症狀。

　　《（光緒）南匯縣志》表示，「嬰孩種痘最關緊要」，故每年於二、三月之間，由育嬰堂延請痘醫，「下苗種痘，或種牛痘種」。堂嬰種痘之後，司事需逐日察看。至於乳婦「必須格外留心，以保嬰命」，並另賞五百文作為酬勞。[33]陝西育嬰堂則兼辦牛痘局，局內「延有良醫，攜種待佈」。凡嬰兒出生滿百日後，無瘡癩、瘰癧、皮濕、血熱、疳積等症狀者，便可接種牛痘。而且，種後不發熱，「三四日方出痘尖，五六日起如小泡，六七日即灌清漿，八九日漿水滿，足半月痂落永無後患」。落痂之後，將乾痂送還牛痘局，留為引種他嬰之用。種痘數日之後，務必「抱嬰再請原醫看視，去淨其毒，倘不請看，恐留漿未放，毒氣不淨，日後必生惡瘡、痘毒之患」。牛痘局除了為外來幼兒施種外，「堂嬰過滿百日未出天花者，均由痘醫生察驗引種」。[34]

　　育嬰堂為堂嬰種痘，當有預防集體染疾的用途。而且延醫種痘需要不少費用，故以上層階級為多，貧窮家庭無力負擔，只能讓幼兒自然出痘。善堂為貧窮小兒接種，似能稍加彌補貧者接種能力的劣勢。[35]從種痘的方式來看，《得一錄‧育嬰堂章程》似

---

[33] 〔清〕金福曾等修，張文虎等纂，《（光緒）南匯縣志》，卷3，〈建置志〉，頁295。

[34] 〔清〕徐棟輯，《牧令書》，卷15，〈保息‧崇綸‧陝西育嬰堂條規〉，頁29b-30a。

[35] 邱仲麟，〈明清的人痘法——地域流佈、知識傳播與疫苗生產〉，頁491-493。

採行人痘法，南匯育嬰堂兼採人痘法、牛痘法，陝西育嬰堂則以牛痘接種。當時，兩種方法皆有反對的聲浪，但育嬰堂不排斥新技術，反而以開放態度採用，有助於醫療知識的傳播與實踐。[36]如《求牧芻言》收錄的育嬰堂章程稱：「小兒種花最易傳染，不若牛痘之較為簡捷。」[37]可見育嬰堂對牛痘法抱持的肯定態度，此亦反映人痘法、牛痘法在中國的發展。值得注意的是，種痘雖由痘醫負責，但接種之後的照護工作，仍屬乳婦職責。[38]上述條規幾乎都特別叮嚀乳婦要格外留意，並在事後另給賞金，反映出小兒種痘確實要比平時更加悉心照料，避免引發後遺症，且要冒著被小兒傳染的風險。[39]

日常照護：乳哺、起居與看護疾病

除了新生兒護理與種痘等特殊情況外，堂規中針對日常照護時的各種狀況皆有所規範，以下分就乳哺、日常保健與生病論之：

---

[36] 梁其姿，〈明清預防天花措施的演變〉，頁253。

[37] 〔清〕阮本焱，《求牧芻言》，卷8，〈飭發育嬰堂章程論〉，頁8b。

[38] 無論是種痘抑或一般家庭的幼兒出痘，婦女都扮演著健康照護者的角色。邱仲麟討論明清時期的痘神信仰指出，痘神以女性神祇居多，祈求者也以女性為主，這與家庭中若有小兒出痘，多由婦女擔任照護者有關，痘神與女性遂有密切關係。參見邱仲麟，〈明代以降的痘神廟與痘神信仰〉，《中央研究院歷史語言研究所集刊》，88：4（臺北，2017.12），頁863。

[39] 〔清〕阮本焱，《求牧芻言》，卷8，〈飭發育嬰堂章程論〉，頁8b。江寧育嬰堂為避免嬰兒種痘時，傳染給其他尚未種痘的堂嬰，要求承領乳婦與種痘堂嬰另房居住。見〔清〕涂宗瀛，《（同治）江寧府重建普育堂志》，卷5，〈新建育嬰堂章程〉，頁20b。

關於乳、哺問題，涉及堂嬰何時斷乳？何時得以餵養穀類等副食品？《（乾隆）長沙府志》規定，堂嬰「在百日以內者，必須乳食足用，方免疾病。百日以外者，除奶乳外，許用烘糕或用米粉攪和餵養，以補乳汁之不足」。[40]至於斷乳，各個育嬰堂有不同的規定。同治年間，杭州育嬰堂規定堂嬰半年斷乳，惟體弱未能飲食者，得以延長期限。[41]江蘇松江府的南匯育嬰堂則表示，嬰孩斷乳以一歲半為限，倘若「小兒強壯無疾能飯食者，方可斷乳」。若小兒病弱不能食飯得以延後斷乳，但交由原乳婦乳養，乳婦將有「乳癆」之虞。故先交由其他乳婦哺育，等待堂嬰穩定之後，再交由原乳婦領養。[42]陝西育嬰堂規定堂嬰斷乳以兩歲為限，並針對哺食詳細規劃：「一歲以內，早晚兩次添哺米湯泡蒸饘半個，共計二兩，不准亂攪雜食。週歲以外，日添蒸饘四兩。……三歲至五歲，日給蒸饘半勺。」堂嬰斷乳後的米湯、蒸饃等哺食，由首嫗負責分配，避免乳婦、僕婦偷食。[43]由於陝西育嬰堂的乳婦需哺育二名堂嬰，恐乳汁不充足，故詳細規劃堂嬰一至五歲的飲食。另外，條文規定乳、僕婦偷食蒸饘便立即革

---

[40] 〔清〕呂肅高修，張雄圖纂，《（乾隆）長沙府志》，卷23，〈政績‧呂肅高‧詳定育嬰堂條規〉，頁81a。

[41] 〔清〕龔嘉儁修，李榕纂，《（光緒）杭州府志》，卷73，〈卹政四‧育嬰堂〉，頁32a。

[42] 〔清〕金福曾等修，張文虎等纂，《（光緒）南匯縣志》，卷3，〈建置志〉，頁295-296。

[43] 〔清〕徐棟輯，《牧令書》，卷15，〈保息‧崇綸‧陝西育嬰堂條規〉，頁30a。

除，顯得十分嚴苛。或許是為警惕乳婦等人不應搶食幼兒蒸饌，致使堂嬰挨餓，遂訂下嚴格條文。

《得一錄・育嬰堂章程》中附上的〈育嬰良法〉表示，「乳哺嬰兒須要得法」，故詳細訂定乳哺的要領，以供乳婦依循。雖然，堂規未提及堂嬰幾歲斷乳，但認為小兒「半歲以前，只可與乳喫；六個月外，方與稀粥；週歲以前，不可喫葷，並生冷之物」，又徵引俗諺曰：「喫熱莫喫冷，喫軟莫喫硬，喫少莫喫多，自然無大病。」[44]可見，堂嬰半歲以後得以食用穀類等副食品，且要掌握「熱、軟、少」的準則。乳婦又必須掌握乳、哺的時機，「乳後不可便與喫食，哺後不可便與喫乳」。尤其，哺食以「飯食糕粉」等穀物為主，若「乳、食相連」，將導致堂嬰難以消化。嚴重者恐「成癖」、「成疳」，即肋骨間積塊或面黃肌瘦等症狀，輕微者也會「泄痢腹痛」。倘若嬰兒啼哭或方睡醒時，乳婦亦不可立即餵奶，若「俟片時與乳，可以無病」。每日讓小兒啼哭二至三次，亦可「少卻許多病症」，惟不可「哭之太甚」。[45]然而，幼兒腸胃較弱，乳哺之後，腹瀉、吐乳乃常有之症，但「不可視為泛常」。倘若堂嬰腹瀉、吐乳數日不好，「須想法早治，遲則變慢驚」。然而小兒吐乳，乳婦便需觀察若是「向口邊流出」，則是「乳哺太過，過乃滿而溢出」，並非生

---

[44] 〔清〕余治，《得一錄》，卷3，〈育嬰堂・育嬰良法〉，頁10b。此則俗諺語出〔宋〕陳文中，《陳氏小兒病源方論》（臺北：臺灣商務印書館，1981），卷1，〈養子真訣・養子調攝〉，頁2。

[45] 〔清〕余治，《得一錄》，卷3，〈育嬰堂・育嬰良法〉，頁10a-b。

病，只須節乳。若是「直出而不停留」者，則「早治為要」。[46]

上述各育嬰堂條文對斷乳、哺食的時間點未有一致看法，但都顯示乳婦的照護方式，會隨著堂嬰年紀增長有所不同。至於調製哺食，是由廚役或乳婦負責則未能確知。但要能掌握哺食溫度、軟硬、份量，只有乳婦能隨堂嬰狀況調整。乳哺不慎引起的症狀，亦須乳婦詳細觀察分辨，盡早醫治。另外，從醫書來看，乳哺問題是小兒方的重要議題。熊秉真研究指出，傳統中國的醫者對給予嬰兒哺食的態度十分謹慎，必須依循幼兒年紀，漸漸增加哺食分量。[47]不過，比較醫書與育嬰堂條規的態度則略有差異，育嬰堂條規更多是基於善堂資源分配的考量。例如陝西育嬰堂規定斷乳嬰兒由首嫗、僕婦撫養，一人可分養二至三名堂嬰。[48]因此，堂嬰斷乳的時間較一般家庭早，[49]乳婦則可以哺育另一名食乳嬰兒。

日常保健涵蓋的範圍十分廣泛，由日至夜、室內到戶外的活動，乃至頭髮與衣物皆須注意。乳婦常抱嬰兒在懷，其姿勢最

---

[46] 〔清〕余治，《得一錄》，卷3，〈育嬰堂・育嬰良法〉，頁10a。

[47] 熊秉真，《幼幼：傳統中國的襁褓之道》，〈第五章・乳與哺〉，頁118-122。

[48] 〔清〕徐棟輯，《牧令書》，卷15，〈保息・崇綸・陝西育嬰堂條規〉，頁30a。

[49] 傳統中國新生兒斷乳年紀較晚，多在二至三歲，醫方中也不乏斷乳方解決幼兒斷乳不成的問題。相關討論見，熊秉真，《幼幼：傳統中國的襁褓之道》，〈第五章・乳與哺〉，頁125-127。晚明醫者王肯堂《證治準繩》記載斷乳法：「小兒年至四、五歲，當斷乳而不肯斷者，宜用畫眉膏斷乳之道，方可漸與肉食，則無疳癖之患。」小兒四、五歲仍未斷乳者便須用藥處理，可見斷乳應在四歲以下較為合宜。參見，〔明〕王肯堂，《證治準繩》（影印上海圖書館藏萬曆初刻本，上海：上海科學技術出版社，1959），集1，〈初生門・乳哺〉，頁43。

為重要：出生百日之內的嬰兒，乳婦「不可豎抱」，會使小兒受到驚嚇，豎抱使嬰兒「頭傾、項軟」，更有「天柱」倒側之虞。至於出生六個月內，小兒不可獨坐，否則「風邪入背，背脊骨受傷」，致使「佝僂龜背」之疾，影響骨骼發育。[50]懷抱姿勢不當，將影響小兒成長。若坐臥地點不稍加留意，更使小兒受外邪致病，故條規說到：

> 凡嬰兒無論春夏，切不可抱當風口地方坐臥，感受風邪。尤忌簷下當門，過堂風、破窗風，切忌切忌。每逢天氣晴暖至晌午風定時，須抱出院，常見陽光，若常在屋內，偶出院中，則眼怕陽光，不能開視，尤易受風邪。[51]

乳婦抱堂嬰到室外活動時應留心保暖，避免吹風致病。因小兒易受風寒，是否剃髮也取決於天氣冷暖。如陝西育嬰堂規定，嬰孩剃髮應避免於嚴寒大風及嬰兒生病之際。[52]

到了夜晚，乳婦與嬰兒同睡於床，睡眠方面更要注意。乳婦「鼻風口氣吹兒囟門，恐成風疾，並常流鼻涕」。[53]曾有乳婦

---

50 〔清〕余治，《得一錄》，卷3，〈育嬰堂・育嬰良法〉，頁9b。
51 〔清〕余治，《得一錄》，卷3，〈育嬰堂・育嬰良法〉，頁10a。
52 堂嬰剃髮又在於分別男女，條規曰：「春夏秋每月二次，冬令一次，應著僕婦，抱至前廳輪薙，男左女右各留頭髮一撮以示區別，俱以六歲留頂，女嬰以十二歲滿留。」見〔清〕徐棟輯，《牧令書》，卷15，〈保息・崇編・陝西育嬰堂條規〉，頁30b。
53 〔清〕余治，《得一錄》，卷3，〈育嬰堂・育嬰良法〉，頁9b。

的胸部、手肘壓住嬰兒口鼻，卻因深睡而未能注意，致嬰兒呼吸困難而亡。[54]乳婦若不慎導致嬰兒生病或死亡，育嬰堂多歸咎於乳婦「貪睡」造成，陝西育嬰堂更表明應「送縣查明，分別懲儆」。[55]為避免上述情況，育嬰堂會派員巡視，如《（嘉慶）高郵州志》記載：「住堂內眷於每日巡查各房外，寒夜深秋不拘日期，於三更時巡行各房窗外一次，如有啼嬰即呼乳婦詰問，恐凍嬰兒於被外也。」[56]

〈育嬰良法〉中有一則條文，可謂綜論寒、暖照護要領，其曰：「凡嬰兒衣食不可過於飽煖，陳氏書云：小兒須耐三分寒、七分飽，頻揉肚，少洗澡，要背煖肚煖，頭涼心胸涼，皆至論也。」[57]日常保健的細節繁雜，乳婦照護堂嬰必須謹慎小心，片刻不得鬆懈，堂規也引用口訣以便乳婦記誦。但實際照護時，仍必須仰賴乳婦的觀察力和執行力。〈育嬰良法〉中談到「小兒遇寒熱不調，柔弱肌膚，最易感冒發熱，用藥反恐誤事」，乳婦應在小兒睡覺時，以簡易方式護理：

---

54 〔清〕阮本焱，《求牧芻言》，卷8，〈飭發育嬰堂章程諭〉，頁7b；〔清〕徐棟輯，《牧令書》，卷15，〈保息・崇綸・陝西育嬰堂條規〉，頁27a。

55 〔清〕徐棟輯，《牧令書》，卷15，〈保息・崇綸・陝西育嬰堂條規〉，頁29a-b。

56 〔清〕楊宜崙修，夏之蓉等纂，《（嘉慶）高郵州志》，卷1，〈公所〉，頁67a。

57 〔清〕余治，《得一錄》，卷3，〈育嬰堂・育嬰良法〉，頁10a。文中引「陳氏書云」出自〔宋〕陳文中，《陳氏小兒病源方論》，卷1，〈養子真訣・養子調攝〉，頁2。

但於其熱睡之時，夏以單被，冬以綿被，蒙頭鬆蓋，勿壅
其鼻。但以稍暖為度，使鼻息出入，得此暖氣，少頃則微
汗津津，務令上下稍透，則表裏通達，而熱自退矣。或乳
婦同睡，輕摟貼身而上覆其面，則未有不汗出者。此至妙
之法，百法百中，即寒邪甚者，兩三次汗出無有不愈，此
法行於寅卯時刻，則汗易出，而效尤速。[58]

條文中的兩種方法，前者是以棉被裹覆，使其「微汗津津」，不
久自會退熱；後者透過乳婦「輕摟貼身」，利用體溫使小兒出
汗。二者皆凸顯乳婦身為照護者，必須傾注心力、細心察看，又
或以身體親觸幼兒，感受其體溫寒熱。

　　日常照護最為棘手的情況，當屬堂嬰生病。小兒生病的可能
性很多，乳婦必須報明堂中人員，請堂醫前來看視，查明堂嬰身
患何疾，以對症下藥，乳婦則依照堂醫指示，按時餵藥。《得一
錄・育嬰堂章程》規定，嬰孩若患病，應「知照內司堂轉致外司
堂」，請堂中原定的兒科、外科醫生診治，若嬰孩身患痧痘，報
明司堂，邀醫赴診。若是外堂嬰兒患病，乳婦抱至堂中，並邀醫
診視。[59]小兒患病原因前段討論已有述及，或因先天體弱，或初
生護理不周，或因照護不慎皆有可能，[60]育嬰堂係屬密閉空間，

---

[58]　〔清〕余治，《得一錄》，卷3，〈育嬰堂・育嬰良法〉，頁9b-10a。
[59]　〔清〕余治，《得一錄》，卷3，〈育嬰堂章程〉，頁4a-b。
[60]　若是請醫診視發現是照護不周所致，乳婦恐遭革職。例如：〔清〕徐棟輯，《牧
　　令書》，卷15，〈保息・崇綸・陝西育嬰堂條規〉，頁33a：「一乳婦性情懶

環境問題亦是致病源由。[61]然而,當堂醫前來診視時,乳婦必須
「報明何症」,[62]顯示乳婦必須掌握嬰兒生病引起的各種症狀,
方能提供醫生診斷疾病之訊息。

　　在醫者診視並開立藥方之後,乳婦則遵照醫囑餵藥。在育
嬰堂章程中,大都認為讓小兒服藥最為困難,留下不少規條。例
如,《得一錄‧育嬰堂章程》記載:「凡嬰兒服藥最是難事,恐
乳婦厭其哭鬧,不肯耐煩灌服,須堂中司事眼同首嫗親看,服
完方足,以昭慎重。」[63]《(光緒)南匯縣志》也表示,嬰兒服
藥最易哭鬧,將使乳婦失去耐心,需要司事格外注意。[64]《(光
緒)松江府續志》針對領藥、煎藥與服藥等各個步驟都有詳細指
示:在堂醫診視、並開立醫方之後,內堂堂嬰由「總察」發方煎
藥,並傳喚女司事,共同監視乳婦餵藥。外育堂嬰則令乳婦之夫
到堂取藥,並給炭錢十四文,司察必須同往監視,如實煎藥。[65]
《(光緒)石門縣志》則規定,為了查驗醫方是否有效,司季必

惰,膜視嬰兒,無故打罵,或不留心常時跌蹟等情,立即革退,如栽跌損傷,致
　　成殘廢,不論有心無心送縣懲治。」
[61] 例如《福惠全書》記載:「每有育嬰堂雖設,其乳舍卑濕狹暗,前後殊無隙地,
　　夏熱冬寒,氣蒸穢積瘡疥疾瘍。」在《得一錄‧育嬰堂章程》中規定:「凡堂中
　　每逢春夏之交,多燒蒼朮、大黃,水缸中並置貫眾,以避溼氣瘟疫傳染。」見
　　〔清〕黃六鴻,《福惠全書》,卷31,〈庶政部‧育養嬰兒〉,頁17b-18a;
　　〔清〕余治,《得一錄》,卷3,〈育嬰堂‧育嬰良法〉,頁10b。
[62] 〔清〕金福曾等修,張文虎等纂,《(光緒)南匯縣志》,卷3,〈建置志〉,
　　頁295。
[63] 〔清〕余治,《得一錄》,卷3,〈育嬰堂章程〉,頁8b。
[64] 〔清〕金福曾等修,張文虎等纂,《(光緒)南匯縣志》,卷3,〈建置志〉,
　　頁295。
[65] 〔清〕博潤等修,姚光發等纂,《(光緒)松江府續志》,頁8b-9a。

須「親驗藥後有效與否，隨時稽察，不得輕忽」。[66]堂嬰不幸夭殤，則要查明是否與乳婦照護不周有關，倘若與乳婦無關且該婦向能善視嬰兒，才能再行派嬰領養。[67]

乳婦飲食與生病

為照護嬰兒，乳婦對自身的身體狀況也要注意。飲食方面，尚在哺乳的婦人，飲食應該有所調節。尤其是辛辣刺激的食物，將會影響乳汁的品質，不利於嬰兒身心健康。[68]育嬰堂對乳婦的飲食也嚴加監控，《（同治）江寧府重建普育堂志》記載：「嬰兒最宜清潔，乳嫗飯菜不得買韭、蒜、辣椒等物，若燒酒尤易致嬰兒火毒，更不許私買進堂。」[69]湖南澧州石門育嬰堂進一步規定，

---

[66] 〔清〕余麗元纂修，《（光緒）石門縣志》，卷3，〈養育〉，頁94b。

[67] 〔清〕金福曾等修，張文虎等纂，《（光緒）南匯縣志》，卷3，〈建置志〉，頁295。

[68] 〔元〕朱震亨，《格致餘論》，〈慈幼論〉，頁8：「至於乳子之母，尤宜謹節。飲食下咽，乳汁便通。情欲動中，乳脈便應。病氣到時，汁必凝滯。兒得此乳，疾病立至。不吐則瀉，不瘡則熱。或為口糜，或為驚搐，或為夜啼，或為腹痛。病之初來，其溺必甚少，便須詢問，隨証調治。母安亦安，可消患於未形也。」搜檢〔清〕陳夢雷等纂輯，《古今圖書集成》，總卷422，醫部卷402，〈博物彙編・藝術典・醫部・小兒初生護養門〉，頁30-35中的醫方可見，乳母若不慎飲食將使乳嬰生病。例如：〈萬全・育嬰家秘・鞠養以慎其疾〉：「如病寒者乳寒，病瘡者乳毒，貪口腹者則味不純，喜淫慾者則氣不清，何益於子？故宜遠之。」〈徐春甫・古今醫統・乳哺〉：「乳母飲食，乳汁便通；兒食其乳，所感立應。」近人研究討論參見，李貞德，《女人的中國醫療史—漢唐之間的健康照顧與性別》，〈第五章・重要邊緣人物——乳母〉，頁224；熊秉真，《幼幼：傳統中國的襁褓之道》，〈第五章・乳與哺〉，頁108。

[69] 〔清〕涂宗瀛，《江寧府重建普育堂志》，卷5，〈新建育嬰堂章程〉，頁18b。類似記載見〔清〕余治，《得一錄》，卷3，〈育嬰堂章程〉，頁6a：「嬰兒最宜清潔，乳母食菜不得買韭、蒜、辣椒等物，若燒酒尤易致嬰火毒，更不許私買

牛、羊等腥羶肉類也不宜食用。[70]由於豬肉具有疏通乳腺之用，在《（光緒）善化縣志》記載：「各乳婦均係貧苦之家，入堂哺嬰毫無葷食，乳更難充，酌每名每月發豬肉半斤，朔、望分給。」[71]

育嬰堂內，堂嬰、乳婦與堂役群聚而居，若發生傳染疾病，將造成嚴重疫情。《（同治）漢陽縣志》表示：「乳婦有疾，亦需速治以免傳染。」[72]光緒十二年（1886），江蘇松江地區發生時疫，育嬰堂一日之間就有六名患者，且一名女司事、三名乳婦喪命，可見育嬰堂群聚傳染之迅速。[73]另外，乳婦生病時的乳汁，可能使嬰兒致病，必須暫停哺乳，並告知堂內管理人員。《得一錄・育嬰堂章程》規定，乳婦生病應立即「知照內司堂轉致外司堂請醫診治」。女科醫者到堂看視後，若一時難以痊癒，責令保人暫時領回，直待乳婦病癒有乳才得以回堂。[74]江寧育嬰堂亦規定，乳婦有病，輕微者「在堂就醫，藥料由堂內照單助給」。重病則令其親人領回，負責養育的嬰兒，則另僱乳婦接管。[75]乳婦若未維持自身的健康狀況，可能因病失去工作。

進堂。」
70 〔清〕余麗元纂修，《（光緒）石門縣志》，卷3，〈養育〉，頁94b。
71 〔清〕吳兆熙，張先掄修纂，《（光緒）善化縣志》，卷10，〈保息・育嬰堂〉，頁3b。
72 〔清〕黃式度修，王柏心纂，《（同治）漢陽縣志》（收入《中國地方志集成・湖北府縣志輯》，第5冊，影印同治七年刻本，南京：江蘇古籍出版社，2001），卷12，〈公署〉，頁12b。
73 〈松郡茗〉，《申報》（上海），1886年9月26日，3版。
74 〔清〕余治，《得一錄》，卷3，〈育嬰堂章程〉，頁4a-b。
75 〔清〕涂宗瀛，《（同治）江寧府重建普育堂志》，卷5，〈新建育嬰堂章程〉，頁19b。

牛乳

　　乳婦乳汁不足，恐面臨被撤換出堂的命運。前述善化育嬰堂，為避免乳婦乳汁不充，會定時分發豬肉。然而，育嬰堂是否會以獸乳代替母乳？在19世紀，隨中西交流日增，牛乳產品傳入、普及以前，[76]傳統中國使用動物乳代替母乳，如豬乳、羊乳，實非首見，[77]卻甚少有使用牛乳。據《本草綱目》記載，牛乳「甘，微寒，無毒」，若同生薑汁煎服，可以醫治小兒吐乳。[78]從醫力來看，牛乳作為藥方實較代替母乳常見。值得注意的是，乾隆年間的永嘉育嬰堂、光緒年間的善化育嬰堂有以牛乳哺嬰的記載，對傳統中國如何處理牛乳以哺育嬰兒有進一步的瞭解：

　　乾隆二十二年（1757），浙江溫州府的永嘉育嬰堂，因乳婦乳汁普遍不足，遂創立〈牛乳哺嬰章程〉，聘請牧人專司畜牛、

---

[76]　盧淑櫻，《母乳與牛奶──近代中國母親角色的重塑（1895-1937）》，〈第一章‧牛乳東來〉，頁122-131。

[77]　關於豬乳，有用於醫治小兒疾病，亦不乏用來取代母乳，中古醫者孫思邈即表示新生小兒「常飲豬乳大佳」。明代醫者徐春甫（1520-1596）《古今醫統‧豬乳法》引張煥語曰：「初生時或未有媬子，產婦之乳未下，可用豬乳代之，可免驚癇、痘瘡。」參見，〔唐〕孫思邈，《備急千金藥方》，卷5上，〈少小嬰孺方上‧初生出腹第二〉，頁75；〔清〕陳夢雷等纂輯，《古今圖書集成》，總卷422，醫部卷402，〈博物彙編‧藝術典‧醫部‧小兒初生護養門‧徐春甫‧古今醫統〉，頁33。相關討論參見，熊秉真，《幼幼：傳統中國的襁褓之道》，〈第五章‧乳與哺〉，頁122-123。

[78]　〔明〕李時珍，《本草綱目》，卷50下，〈獸之一‧牛〉，頁5。

擠乳等事宜，⁷⁹再由乳婦餵養堂嬰牛乳。牧人擠乳之後，牛乳需經過熬煮才得以讓小兒飲用。故章程記載：「熬乳宜用銅鍋安放爐上，將乳汁傾入鍋內，用微火熬之，視乳汁上起有皺皮，色微黃為度，方可取食，熟則養人，生則令兒瀉腹。」⁸⁰牛乳熬熟之後，即令乳婦懷抱小兒至前堂領乳餵養，其法如下：

> 每日熬乳熟後，即令乳姆抱嬰上堂，按應分之乳以匙緩緩灌之，首事同女總管親身督視，所有嬰兒喫剩之乳，令各姆帶回房內，首事仍不時周流稽查，倘乳姆不實心調養，致小兒常常啼哭，或將乳私育己子，及自己偷喫等弊，立即逐出，午後亦如前法行之，至晚煮稀米湯分給，以備小兒夜間食用。

---

79 據〈牛乳哺嬰章程〉記載，「買牛以懷小者為佳」，令牧人「每日喂豆三升，大米一升，草宜剉細，將米豆細細拌勻」，只要「以時喂養，則牛隻自然膘壯」。畜牛既為取其乳汁，則應「每日早飯後，用磨碎豆乾五升半、米五合同細草逐日拌勻，分兩次喂之。喂畢將牛牽出乘涼飲水一遍，日西牽回，仍如前法喂飼。點燈後，再用米一升煮稀粥飲之，使乳水易生。」至於擠乳，章程規定：「每日擠乳務在五鼓，令牧人牽牛至廠，所須要耐心靜氣，時擠時歇，切不可一擠了事，或乳水不至，即牽小犢舐吭其乳，則乳水自下矣，然擠乳亦不宜過遲以致喂失其時。」當牛隻衰老、乳汁不充時，章程規定：「牛隻口齒過老則乳少汁薄，應視一、二年後，如牛出乳甚少，即令變賣，另易肥壯母牛充用。至料豆必須乾燥，其法用大磨略為磨碎，令於堂內鍋竈之旁另砌一炕與竈相連，下砌風洞，使竈內火氣灌進，則竈自溫煖，可將料豆攤炕上焙去潮氣，便易磨碎。至喂牛碎豆，須用水浸泡盆內，豆面約浮水二、三寸，許將剉細稻草和入水豆并米調拌極勻，方可喂食，草要剉細，越細越佳。」〔清〕張寶琳修，王棻纂，《（光緒）永嘉縣志》（影印光緒八年刊，民國二十四年補刻版，臺北：成文出版社，1983），卷35，〈庶政〉，頁5b、7b-8a。

80 〔清〕張寶琳修，王棻纂，《（光緒）永嘉縣志》，卷35，〈庶政〉，頁8a。

> 喫乳小兒十月以內者，日則分給牛乳，夜則灌以米湯，不
> 得仍前以乾飯餵食，如希圖偷減牛乳，仍舊蹈此弊者，將
> 乳姆逐出，十月以上者不在此例。[81]

從〈牛乳哺嬰章程〉得知，取得牛乳費工、費時，育嬰堂當視為珍貴資源。故乳婦餵養小兒牛乳時，需由首事、女總管監督，剩餘的牛乳也要確實用於堂嬰不得浪費，卻不見堂規記載保存牛乳的方法。

另一所以牛乳哺嬰的是湖南善化育嬰堂，不過已接近清代的中晚期。根據《（光緒）善化縣志》記載，善化育嬰堂唯恐乳婦乳少，「不能兼乳二嬰」，於是「另買初生小犢母牛二頭」，僱一名牧人畜養。每日取乳之後，以「砂仁末少許、加薑熬煎，並添冰糖少許」，分哺兩堂「體弱之嬰」。[82]可見，善化育嬰堂只讓「體弱」幼兒食用牛乳，並非如永嘉育嬰堂是以全部堂嬰為對象。

從嬰兒照護一事來看，自嬰兒入堂開始，乳婦的工作隨即展開，堂規中也訂出詳細規範。從條文內容揣摩乳婦的照護情況，乳婦勢必隨時在側，一刻也不得鬆懈。乳婦固然以照護初生堂嬰為主要工作，但據《（光緒）南匯縣志》記載，女嬰在養至八

81　〔清〕張寶琳修，王棻纂，《（光緒）永嘉縣志》，卷35，〈庶政〉，頁8a。
82　〔清〕吳兆熙，張先掄修纂，《（光緒）善化縣志》，卷10，〈保息‧育嬰堂〉，頁3a。

歲，令「乳婦教其紡織、縫紉」，[83]可見乳婦工作內容並不僅有以乳汁親餵堂嬰，又有教養之責。總之，乳婦入堂需全心投入照護工作，起居活動亦有若干限制。

第二節　起居活動的限制

《（同治）福建省例》中載有一則育嬰堂門禁鬆弛引起的弊端：

> 近查有乳婦棄孩出堂，竟日不歸者。亦有並不入堂，在外散處，臨點之時，方來應卯者。益多捏混、頂冒之弊。更有匪婦勾引游棍，冒認夫男，出入無忌者。[84]

乳婦隨意出入，對嬰兒棄之不顧，只在點名時出現，虛領食糧薪資，或讓棍徒隨乳婦進出堂中，造成堂內失序。《（同治）福建省例》遂明令：「堂門宜常鎖禁，以嚴出入也。乳堂各婦，自應常在堂內，顧哺嬰孩，庶免啼飢。」[85]育嬰堂對乳婦的起居行動有嚴格的限制，並設下各種防範機制，主要出於兩個原因：一是

---

[83] 〔清〕金福曾等修，張文虎等纂，《（光緒）南匯縣志》，卷3，〈建置志〉，頁297。

[84] 〔清〕《（同治）福建省例》，〈育嬰堂條規〉，頁473。

[85] 〔清〕《（同治）福建省例》，〈育嬰堂條規〉，頁474。

照護嬰兒，使「乳孩不至啼飢」。[86]乳婦既入堂工作，便以乳嬰為重，兩者「不能片刻相離」，地方衙門、捐戶與司事之家，不可擅用權力，借用乳婦幫乳自家嬰兒，以致忽略堂嬰。[87]二是嚴防男女之別。陳宏謀曾指出：「有乳之婦年紀未老，既無夫男同處，未必不生他隙。」[88]又有堂規記載：「乳婦俱屬壯年，防閑必須嚴密」。[89]為此，育嬰堂只得嚴加管束，明令門禁、請假與親友探視等規範，嚴守男女之防，方能「身安而志定」，[90]專注於嬰兒照護。

　　在討論生活起居的規範前，先略述育嬰堂內部的空間配置（見圖6、圖7）。據《福惠全書》記載：「起建育嬰堂，外立大門，而周繚以垣墻。前建大堂，奉祀文昌帝君，後建客堂，兩廡各三楹，司籍、出納、會計之事皆在焉。堂左為倉廩，右為庖室。而兩堂三面，造乳舍若干間。」每間乳舍可住乳婦三人，以三十間計之，可住九十人。乳舍之後留一空院，「使暑月通風，免致熱氣鬱蒸，易成瘡癤，且便于澣濯晒晾」。在舍後稍遠處，置廁居數間，以便乳婦使用。為了嚴防閒雜人等擅入，

---

86 〔清〕《（同治）福建省例》，〈育嬰堂條規〉，頁474。

87 〔清〕余治，《得一錄》，卷3，〈育嬰堂章程〉，頁6a。

88 〔清〕陳宏謀，〈育嬰堂條規事宜冊〉，卷15，〈保息〉，頁23b。

89 〔清〕徐棟輯，《牧令書》，卷15，〈保息・崇編・陝西育嬰堂條規〉，頁32a；〔清〕涂宗瀛，《（同治）江寧府重建普育堂志》，卷5，〈新建育嬰堂章程〉，頁18b。

90 吳秀之等修，曹允源等纂，《（民國）吳縣志》（影印民國二十二年鉛字本，臺北：成文出版社，1970），卷30，〈公署〉，頁15b。

必須在「乳舍兩廂，各置總門一闔」，並僱用老婦二人，專司
「早晚啟閉」。[91]從空間來看，乳婦深居育嬰堂內部，門禁森
嚴、不得擅離，其生活情形又是如何？以下透過個別育嬰堂詳
細說明：

據《（乾隆）長沙府志》記載：「乳婦在堂，當嚴內外之
別，各院門口立柵欄一座，令首事謹慎關鎖。」[92]除了首事每個
月入內面給工食外，閒雜人等禁止入內，若有「男女混雜」的情
形，「查出首事是問」。長沙育嬰堂門禁森嚴，乳婦不得跨越柵
欄。日常生活方面，用水倚賴柵欄旁的水缸，每日夫役會挑水注
滿水缸，以供內堂使用。又乳婦不得「飲酒觸嬰」、「成群戲謔
滋事」，並派堂中老婦加以巡察，維持秩序。另外，乳婦若有親
屬赴堂看視，報明首事後，「准其於柵欄外站立」相聚，其親屬
不許恣意出入、窺探。至於乳婦家中突發事故，在報明首事，並
將所乳嬰兒託付同室乳婦代為乳養後，即可告假回家，但以三日
為限。首事需登記乳婦告假日期於冊，以便考核乳婦勤惰。乳
婦請假頻繁或未依約定日期返堂者，即刻停發工銀。若查有乳
婦私自將嬰兒帶出乳養，「惟首事是問，仍將看堂門夫重責示
懲」。[93]

91　〔清〕黃六鴻，《福惠全書》，卷31，〈庶政部・育養嬰兒〉，頁17a-b。
92　〔清〕呂肅高修，張雄圖纂，《（乾隆）長沙府志》，卷23，〈政績・呂肅高・
　　詳定育嬰堂條規〉，頁80a。
93　〔清〕呂肅高修，張雄圖纂，《（乾隆）長沙府志》，卷23，〈政績・呂肅高・
　　詳定育嬰堂條規〉，頁80a-b。

《（嘉慶）高郵州志》表示，育嬰堂是「眾乳婦所居」，後門需時加關鎖，前門則另僱年老誠實者二名，負責「晝夜查管」、「以時啟閉」。若乳婦親屬前來，查明後准許其出入。堂規又規定：「乳婦之夫不准入內住宿，每日定更後，坐堂人親率門役，逐號查點，二門上鎖。倘有不遵者，立即並本婦逐出。惟臘月廿四日以後，正月十八日以前，暫許時節完聚。」[94]本條堂規值得注意的有兩點：一是育嬰堂雖禁止乳婦及其夫同住於堂內，但在堂門閉鎖之前似可進入內堂陪伴。二是乳婦在臘月至正月間，得放假約一個月。不過，乳婦男性親屬進入內堂，恐有違男女之防。而且，乳婦返家團聚時，坐堂人便難以掌握乳婦是否在行房後哺乳，甚至懷孕，這都將影響照護成效。具有相似規定者，僅有杭州育嬰堂允許乳婦及其夫同住。不過實行期間短暫，只見於康熙年間的記載，乾隆時期育嬰堂已明令禁止。[95]

　　到了同治、光緒年間，在《得一錄・育嬰堂章程》也大致規定：「乳嫗入堂之後，不准擅出堂門。如有本夫親族探望，不論男女，須告知司堂，於內門交界處，喚出本婦，面談片時，不得送出堂門。倘乳嫗在堂不遵規制，即算明工錢，令其出堂，不准復充。」[96]值得注意的是，余治在〈育嬰堂章程〉之後收錄的〈內育規條〉，對內堂的運作有詳細規定。本書第一章曾提及，

---

[94]　〔清〕楊宜崙修，夏之蓉等纂，《（嘉慶）高郵州志》，卷1，〈公所〉，頁66a。
[95]　〔清〕鄭澐修，邵晉涵纂，《（乾隆）杭州府志》，卷51，〈卹政〉，36a-b。
[96]　〔清〕余治，《得一錄》，卷3，〈育嬰堂章程〉，頁3a。

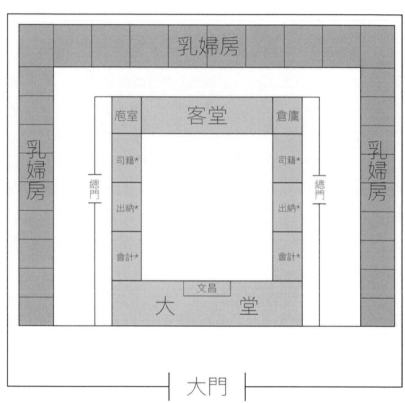

圖6　《福惠全書》育嬰堂空間配置示意圖

資料來源：〔清〕黃六鴻，《福惠全書》，卷31，〈庶政部・育養嬰兒〉，頁17a-b。

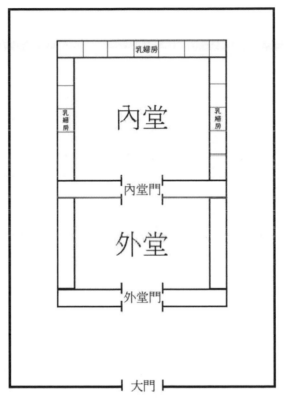

圖7　育嬰堂空間配置示意圖

說明：本圖係據《（乾隆）溫州府志》、《（乾隆）長沙府志》與《（嘉慶）高郵州
　　　志》等多種方志繪製而成，主要呈現一般育嬰堂的空間配置與內、外堂之別。

內堂事務主要由女司事與老嫗負責。女司事由司事內眷擔任，負責約束眾婦、禁止喧嘩；老嫗負責管理內堂門，嚴禁出入，禁止閒人喧擾。女司事居住在內堂之中，老嫗則住在內堂門外，兩人得「內呼外問」。當乳婦等內堂人員有各種需求便「敲梆鳴點」，通知老嫗，再由老嫗傳知「司育」。內堂戒備嚴密，「每日三餐轉桶遞送」，執事人等不准窺探，以分別內、外。每日申時由「司總」親鎖內堂門，並將鑰匙交付女司事收管。若「實在必須啟閉，傳梆請匙，內以女司事查明傳知，外以管門老婦問明，方准舉行，不得濫行請匙」。[97]

《（光緒）石門縣志》認為，堂中乳婦多是「年輕女流」，如有閒雜人等擅自出入，應立即送官究辦。堂中乳婦、管堂人等，亦不得擅自進出。為能聯繫內、外堂，設有「內管堂女人」一名，住在內堂牆門右側，且不得出外。若發生嬰孩或乳婦生病等緊急狀況，內管堂女人藉由轉斗告知外管堂，再轉達司事。石門育嬰堂規定，乳婦「不得私有親戚往來」。乳婦之夫男、親戚若有要事，「須告明司事，同到轉斗處面會，語畢即令退」。倘若乳婦「家有事故，不得不歸」，則須在約定的日期準時返堂，工食按日扣除。乳婦返堂之後，內管堂須記明日期，並查明乳婦是否懷孕。[98]據《（光緒）善化縣志》記載，善化育嬰堂亦規定內堂門日出開啟、日落關閉，乳婦不得擅自出入。乳婦所需

---

[97] 〔清〕余治，《得一錄》，卷3，〈育嬰堂章程‧內育規條〉，頁8b。
[98] 〔清〕余麗元纂修，《（光緒）石門縣志》，卷3，〈養育〉，頁94b-95a。

食物，由老年買辦代買。但買辦無事不得擅入內堂，「以昭整肅」。若乳婦家人有事相會，「只准於大堂關鎖柵門外敘話，不得另走別門」；如本家有大事，「方準告假一日」。[99]

在〈陝西育嬰堂條規〉中有關於內堂生活的詳細規範。陝西育嬰堂同樣考量到「乳婦俱屬壯年」，因此「防閑必須嚴密，內堂門終日內、外扃鎖，鑰匙交委員、董事收執」。除了委員與董事例定稽查之日、收送嬰兒、更換乳婦或要緊事件，由委員、董事與首嫗共同開鎖，事畢即時封鎖，無故內堂門不准擅開。至於「早晚飯食及內外所需物件」，則藉由轉桶交遞，且「外堂夫役及內堂各婦，不得在此閒談」。內、外堂俱有嚴格界限，不得任意越過。內堂事務由首嫗負責，乃「眾婦之統屬」。首嫗必須注意，「乳婦有無口角是非，乳水是否充足，並小心各房火燭」，且不得受乳婦賄囑，隱匿弊端。乳婦必須專心於照護堂嬰，也不能任意跨出內堂門，乳哺之餘只能藉由縫紉增加收入。例如縫製堂中嬰兒衣褲、襪履等件，再由董事核定物料、工價若干，按件發給。但不能因此耽誤哺乳，否則「革退不貸」。然而，陝西育嬰堂在親友探訪與乳婦請假二事的規定，是較為嚴格的。乳婦的父母、翁姑、夫男、子女等親屬來堂探望時，先由門役告知委員、董事，再令首嫗帶領該婦，在「內堂門隔柵會話，話畢即回」，男、女親屬一概不准入內堂門，且每個月只允許探視一

---

[99] 〔清〕吳兆熙，張先掄修纂，《（光緒）善化縣志》，卷10，〈保息·育嬰堂〉，頁3b。

次。倘若乳婦家有要事方准告假，但每人以兩個月一次為限，每一日又不得超過兩名，且不得在家過夜，至晚即歸。乳婦告假出堂時，首嫗必須搜查堂中各物，避免乳婦私自攜出。[100]

　　育嬰堂門禁森嚴，閒雜人等不得擅入，乳婦也不能恣意出入，主要生活於內堂。從起居規範來看，乳婦、女司事與老嫗間的互動頻繁。乳婦或堂嬰有任何需求，都有賴女司事與老嫗的傳達。然而，首嫗有監督乳婦之責，條規中叮囑她們「不得受乳婦賄囑，隱匿弊端」，顯示育嬰堂實是透過首嫗、女司事等人，瞭解乳婦在堂內的情況。管理者因而擔憂女性堂役有彼此護短的情況。在乳婦請假時，同房乳婦需要彼此支援，則可視為乳婦之間的互動。雖然沒有更多史料能夠詳論乳婦與堂役之間的往來，但從上述記載應可推知乳婦之間或乳婦與女性堂役間，都有頻繁的往來，且需要互助。換言之，育嬰堂內堂是一個仰賴眾多女性投入才得以運作的機制。

小結

　　本章主要討論乳婦的工作內容與生活規範，藉由育嬰堂堂規，重建乳婦照護堂嬰的各種情境。乳婦作為一名健康照護者，在嬰兒入堂之後，洗浴、去寒、斷臍、種痘，乃至日常乳哺、保

---

[100] 〔清〕徐棟輯，《牧令書》，卷15，〈保息・崇綸・陝西育嬰堂條規〉，頁32。

健與生病,皆屬於乳婦的工作項目。雖然,條文已經詳細規範嬰兒照護事宜,不過堂嬰的生理情況各有差異,必須藉由乳婦的觀察與親身接觸,並憑藉以往的育兒經驗,判斷堂嬰的身體狀況,並採取適宜的措施。倘若情況危急則須延醫診治,乳婦要提供醫生小兒確切的病症,使其能對症下藥。值得注意的是,乳婦並非僅以乳汁親餵堂嬰,有時要教導女童縫紉、紡織,兼具教養之責。另外,本書注意到,浙江溫州永嘉育嬰堂與湖南善化育嬰堂為解決乳婦乳汁不足的問題,便以牛乳餵養堂嬰,對瞭解傳統中國食用牛乳的歷史有重要意義。

　　梁其姿指出,清中晚期的善堂開始注重兒童生理照護,以及醫藥衛生的問題,反映出嬰兒不再象徵抽象的生命,而是社會與家庭的一部分,其健康、教育與日後出路等問題,都成為善堂關心的要點。[101]經過本章的討論得知,堂嬰照護事宜的記載實在清中晚期大量出現。這些照護方法適用於一般家庭,可供採取自養方法之育嬰機構,用以教導親生父母如何育嬰。不過,大多數堂規的書寫,實是用於指示乳婦如何照護堂嬰。在此脈絡之下,育嬰堂越來越注重堂嬰的生理狀況的同時,也在加強乳婦的健康照護角色。

　　乳婦入堂之後,起居活動也有若干限制。從育嬰堂的空間規劃來看,外院是董事、司事與男性堂役辦公、居住之處,乳婦、

---

[101] 梁其姿,《施善與教化:明清的慈善組織》,〈第六章·嘉慶以來慈善組織與小社區的發展〉,頁213-216。

堂嬰與女性堂役則居住在內院，以嚴男女之防及確保堂嬰照護成效。乳婦身居內堂，幾乎與外界隔絕，唯有特殊情況，才能向育嬰堂請假返家，更無假期可言。而且，乳婦請假天數、返堂時間都有限制，連家人前來探望亦有不少規定，若違反規定即予懲處。值得注意的是，乳婦、女司事與老嫗之間的互動，就本章的討論來看，她們生活於內堂，有頻繁的互動，亦須互相協助，可以推知女性堂役之間的往來甚為密切。關於育嬰堂的經營，過去研究聚焦於士紳階層的討論，忽略內堂堂務實需仰賴眾多女性堂役的投入才得以順利運作。

白馥蘭（Francesca Bray）分析明清時期的房屋建築與家庭空間時指出，當時無論階層高低，都會在住居中為女性規劃出獨立的空間，以分別內外及男女之防，顯示男女各有專屬的生活場域，亦有維持公共道德秩序的意涵。[102]本書從育嬰堂的空間規劃討論乳婦的生活起居，從育嬰堂的空間配置、男女堂役及門禁等面向來看，確實存有內外與男女之防的界線。因此，乳婦進入育嬰堂，即等於走出家門的職業婦人。但就傳統中國「空間與性別」的意義而言，其實是進入了另一個性別秩序之中，凸顯育嬰堂乳婦別於其他職業婦女的特色。

常言「推燥居濕」，形容養育幼兒的辛勞。前引經芳洲（1804-1865）〈恤嬰芻言〉指出：天氣寒冷時，乳婦為堂嬰換

---

[102] Francesca Bray, *Technology and Gender: Fabrics of Power in Late Imperial China* (Berkeley: University of California Press, 1997), pp. 128-150.

尿布可能產生怨言，親生母親都不免抱怨，何況乳婦與堂嬰又無血緣關係。就本章討論的堂規來看，士紳也可能是在此心態下訂定條文，於是嚴加規範，並派員監管。然而，士紳在條規中千叮萬囑，告誡乳婦應實心照護堂嬰，甚至訂定懲處之法，更顯示出堂嬰照護的實際情況恐不盡理想，這也影響對乳婦的評價。

第四章
文獻所見的乳婦敘事與社會評價

> 余奎官妻宋氏，南橋育嬰堂乳媼也。咸豐十一年，抱孩遇
> 賊，大罵不屈，投河死，殞時嬰仍在抱，報忠義局請旌。
>
> 《（光緒）重修奉賢縣志》，卷16，〈列女志下·節烈〉

　　就本書所見地方志，擔任育嬰堂乳婦入傳者，僅有松江府
奉賢縣南橋育嬰堂宋氏一個案例。宋氏入傳並非日常照護有加，
其原因大抵可分為兩個層面，一是遇賊不屈，投河自盡，符合明
清女性入列女傳的節烈標準。二是宋氏死時仍緊抱嬰兒，似乎暗
示危難之際，乳婦還不忘懷抱堂嬰，可謂「盡忠職守」。可惜的
是，傳中僅以「嬰仍在抱」描述乳婦與堂嬰間的關係，難有更多
申論的空間。但是，放在本書的脈絡下卻有豐富的意涵，顯示無
論在日常或危難之際，乳婦都被期待以堂嬰為重。士人對乳婦的
評價，也在此心態下論述。

　　本章首先以方濬頤〈揚州育嬰堂記〉作為楔子，分析揚州育
嬰堂的經營實況，以及發生於道光年間的「乳婦頭事件」，藉以

瞭解育嬰堂的運作。接著討論影響乳婦評價的關鍵，是乳婦的階級、性別，或是照護成效？又，在育嬰堂「救嬰」與「濟貧」兩大理念下，這些評價展現的意義為何？

第一節　揚州育嬰堂及其「乳婦頭事件」

方濬頤是道光二十四年（1844）進士，累官兩淮鹽運使、四川按察使。在方氏的文集《二知軒文存》中有一篇〈揚州育嬰堂記〉，記載晚明到同治年間揚州育嬰堂的變革，又以乾隆朝以降的運作情形最為詳盡。該文也收錄於《增修甘泉縣志》、《兩淮鹽法志》中，是瞭解清中晚期揚州育嬰堂經營實況的重要史料。梁其姿曾徵引此文，作為乾隆時期官方勢力進入育嬰堂的佐證。[1]不過，方濬頤文中還提及人事組織及「乳婦頭事件」等重要議題，仍有待深入討論。另須說明的是，方濬頤在文中只說乳婦頭「聚而不散」、「為患不小」，本書為便於討論姑以「乳婦頭事件」指稱乳婦頭及相關人等所引起之問題。[2]茲按照時序分析如下：

在首段，方濬頤以「育嬰何昉乎」破題，並答道：

---

[1] 梁其姿，《施善與教化：明清的慈善組織》，〈第四章・慈善組織的「官僚化」（1724-1796）〉，頁105-107。

[2] 相關說明詳見緒論，註釋第35條（頁37）。

昉於《周官・大司徒》以保息養萬民，一曰「慈幼」，產子三人，與之母；二人，與之餼；十四以下不從征。三代以下版圖式廓，生齒日繁，國家不能徧施其德也。於是擇貧民之生子而無以自養者，設堂以收之，雇婦以乳之，官籌經費，紳董其事，是固保赤之一端，仁政之宜行者。揚州在前明則號為「育嬰社」，季世燬於兵燹。[3]

方氏引用《周禮》慈幼之條及後人注疏，揭示育嬰乃始於先秦典籍的「保赤」仁政。到了後世疆域、人口日增，慈幼之政亦改變方式。惟「官籌經費，紳董其事」，實是清代育嬰堂的經營方式。這兩點符合本書第一章討論朝廷與士紳創設育嬰堂的態度，即是將育嬰堂視作國家仁政的一環。當然，這也忽略晚明揚州育嬰社與清代育嬰堂的聯繫。

明清之際，揚州育嬰社的存廢不得而知。方濬頤則稱「燬於兵燹」，直到順治年間，才藉由紳商力量重新創立：

國朝業鹺者西商員洪疏、徽商吳自亮、方如珽創其事。順治十三年，建堂於西郭外，歲需銀三千兩，紳商所捐，後苦不給。康熙四十年，劉太守涵攝運司事，月增五十金猶未足。越明年，當事者又月增銀百兩。雍正元年，清理兩

---

[3] 〔清〕方濬頤，《二知軒文存》（收入沈雲龍主編，《近代中國史料叢刊》，第49輯，台北：文海出版社，1970），卷21，〈揚州育嬰堂記〉，頁10a。

淮鹽規，核減公費，惟此款獨存。[4]

　　方濬頤指出，揚州育嬰堂是由山陝、徽州鹽商員洪麻、吳自亮與方如玨創設，卻未見魏禧〈善德紀聞錄敘〉及《（雍正）揚州府志》皆提到的商人閔象南。有跡可尋的是，閔象南原籍徽州後來到揚州業鹽致富。雖然不同史料記載的商人稍有出入，但都屬徽州鹽商，可見他們對育嬰堂的重要性。另外，兩淮鹽規是揚州育嬰堂重要的經費來源，雍正皇帝改革鹽政亦獨留此款。因此，掌管兩淮鹽政的官員對育嬰堂的經費也有關鍵的影響。

　　乾隆年間，揚州育嬰堂在制度上有較大變革。乾隆八年（1743），兩淮鹽運使朱續晫（雍正十一年進士），依據權責將揚州城劃分為「西門、雙橋、便益門、北來寺、高橋、廣儲門、毘盧庵、天甯門」八處，每處選兩名商人，總共十六人，按月承辦育嬰事務，屬於輪值制。方氏又記載：「以堂為鹽法衙門所設，聽司稽核，不關於郡守，又允眾商議。」[5]可見，乾隆年間揚州育嬰堂已屬鹽法衙門管轄，並非民辦民營的機構。

　　朱續晫也大幅改動揚州育嬰堂的運作方式。揚州育嬰堂原先在「小東門濠橋之右」，設有一間接收遺嬰小屋，「收嬰彙送於商」，再交付給西門、便益門、廣儲門與天甯門四處的「司嬰」負責。司嬰又稱為「婦頭」，應由女性擔任，負責招募乳婦，以

4　〔清〕方濬頤，《二知軒文存》，卷21，〈揚州育嬰堂記〉，頁10b。
5　〔清〕方濬頤，《二知軒文存》，卷21，〈揚州育嬰堂記〉，頁10b。

哺育堂嬰。不過，此一收嬰制度，必須「遷延展轉」，致使「嬰兒往往不育」。於是另立新法曰：「於官房隙地改為收育之所，舉實有室家者司之。雇募乳婦，有遺嬰者先行收養。後再掣籤，某門設暫乳者三婦，以備早晚、風雨之不及分送者。」[6]此制確實更富有彈性，能避免堂嬰在輾轉接送過程中，遭受風寒或未能即時哺乳等因素致死。文中謂「官房隙地」，並未清楚說明詳細地點，惟從下文「其育嬰八處皆有一乳婦頭主之」可推測，是設於前述的八個地點，並各設一名乳婦頭管理。乳婦頭一職應為原先四門的司嬰，改制之後則增加為八位。

方濬頤並未記載乳婦頭的執掌，惟說明育嬰堂八處各由一乳婦頭管理之後，說到：「一婦乳一嬰，月有餼，冬有衣褓，患痘者費有加，殤則給槥，坎而瘞之，冊除名。嬰三歲能哺啜者，月增其餼。有願領為子女者，察其果良民也，予之，獎乳婦。」[7]這段話主要是在說明乳婦與堂嬰的待遇，但就此文脈來看，乳婦頭即是負責落實與監督上述規範的堂役。

乾隆二十年（1755），兩淮鹽運使盧見曾（1690-1768），苦思育嬰經費不足，恐難以為繼。於是仿照蘇州育嬰堂的運作方式，並「置廣儲門外菜田為育嬰之地」。不過，文中並未明示，盧見曾設置育嬰之地是用於置產收租，或是建屋集中收養堂嬰。到了乾隆三十年（1765），兩淮鹽政普福才仿照蘇州育嬰堂建屋

6　〔清〕方濬頤，《二知軒文存》，卷21，〈揚州育嬰堂記〉，頁10b-11a。
7　〔清〕方濬頤，《二知軒文存》，卷21，〈揚州育嬰堂記〉，頁11a。

四百間，使「乳嬰者之婦與夫同居」。據此，揚州育嬰堂已集中乳婦與堂嬰於一處，並非分散各地，可見其從堂外轉為堂內救濟的過程。不過，揚州育嬰堂的其他記載並未提及乳婦與其夫同居一事，且蘇州育嬰堂也未允許夫婦同居於育嬰堂，又從前章乳婦生活起居的討論來看，此說實令人懷疑。後來揚州育嬰堂又有幾次變動，乾隆四十年（1775），兩淮鹽政伊齡阿（？-1795），考量到內堂乳婦多來自貧苦之家，每月增給米一斗，不久內、外堂乳婦工食每月增為銀七錢。乾隆五十六年（1791）兩淮鹽政全德，又將兩淮歸公田地與房舍的收入，撥為育嬰堂的經費。[8]

到了乾隆六十年（1795）又有較大的變動。據兩淮鹽政蘇楞額〈育嬰堂記〉載，揚州育嬰堂遷移至廣儲門外，「數十年來，蕪廢不治，棟撓垣頹」，已不可居住，乳婦「紛然散處」，弊端叢生。[9]因此，蘇楞額與鹽運使曾燠改建原四百間乳婦房為兩百四十間，可謂「規模閎壯」。不過，每年所需經費動輒數萬，恐難以負荷。[10]倘若蘇楞額所言屬實，何以鹽政官員在屋舍傾頹、乳婦散處的情況下，在乾隆四十年、五十六年時還為乳婦加薪，並增加育嬰堂的經費。這或許是鹽政官員在並未瞭解經營實況下，便增加工食銀與經費的結果。這也可能造成各方人員得以從

---

8 〔清〕方濬頤，《二知軒文存》，卷21，〈揚州育嬰堂記〉，頁11a-11b。
9 〔清〕王安定纂，《（光緒）兩淮鹽法志》（收入《續修四庫全書》，史部政書類，第842-845冊，影印光緒三十一年刻本，上海：上海古籍出版社，1997），卷159，〈雜記門‧藝文七‧碑記‧蘇楞額育嬰堂記〉，頁42b。
10 〔清〕方濬頤，《二知軒文存》，卷21，〈揚州育嬰堂記〉，頁11b。

中牟利的弊端。無論如何，吾人雖難以確知乾隆四十年、五十六年兩次異動，鹽政官員是否有掌握育嬰堂的經營狀況，但都凸顯出乾隆年間的揚州育嬰堂早已埋下日後衰頹的種子。

方濬頤並未記載嘉慶朝至道光九年（1829）之間，揚州育嬰堂的經營狀況。接續談到的是，道光十年（1830）、十一年（1831）的鹽制異動，以及育嬰堂高額的經費問題，他說：「迨道光庚寅、辛卯（道光十、十一年）間，兩淮革根窩、淮北改票，鹽法一變，運司俞德淵力求整頓，杜絕冒濫，而堂之用每年仍需二萬數千有奇。」[11]

接著，方濬頤談到延續道光、咸豐與同治三朝的「乳婦頭事件」，茲錄全文如下：

> 乳婦頭八人皆老奸巨猾，藉有督率之責，把持舞弊，相沿已久，莫可誰何。且遺留瞽目、殘廢之女百數十人，百年以來聚而不散，悉聽婦頭之指揮，為患不小。
> 咸豐三年，揚州不守，堂燬於賊，嗣乃以各善堂田歸揚州守經理，而乳婦頭仍有存者，率殘廢來郡，強索口糧。至九年，始補給腰牌，計一百數十名，每年於歲收租息酌給數月口糧，則又恃腰牌為護符矣。
> 同治八年，新建育嬰堂於城內，深知此患，豫將官房改為

---

[11] 〔清〕方濬頤，《二知軒文存》，卷21，〈揚州育嬰堂記〉，頁12a。

收養殘廢之所。而濬頤適由廣東量移兩淮，委鹽知事汪應
溥會同江、甘兩縣令，傳集乳婦頭帶同殘廢婦女，造冊
點名，歸堂收養，詰問年貌，與冊不符，詞窮理屈。蓋
婦頭自外間招之來者，紛紛畏法，乞恩不敢歸堂。因命
繳回腰牌，賞以青蚨遣散之，乳婦頭則革去之，而其患
甫息。[12]

「乳婦頭事件」雖是道光十年的記載，但文中說「百年以來聚而
不散」，恐怕早在乾隆年間就已經開始。乳婦頭藉由「督率之
責」把持堂務，並聚集盲眼、殘疾女性數百人。即使爆發太平天
國事件，揚州育嬰堂遭毀，乳婦頭仍到官府強索口糧。咸豐九年
（1859），地方官員似乎有意整頓，於是發給殘疾婦女腰牌，作
為發放口糧之識別，不過成效不彰，未能解決乳婦頭「為患」
的問題。直到同治八年（1869），揚州育嬰堂重建，並新建收養
殘廢之所。兩淮鹽運使方濬頤會同地方官員，遣散資格不符的乳
婦，並革除乳婦頭，事件終告落幕。值得注意的是，文中屢次提
及「瞽目、殘廢之女」，她們可能是身有殘疾的女嬰，未能順利
婚配，長成後又難以謀生，所以留在堂內。[13]又可能是揚州城內

---

[12] 〔清〕方濬頤，《二知軒文存》，卷21，〈揚州育嬰堂記〉，頁12a-b。

[13] 揚州育嬰堂對殘疾女嬰的出路安排，受限於史料難以確知。不過，其他地區的方
志可以幫助我們瞭解育嬰堂如何安排殘疾女嬰的出路，例如《（光緒）杭州府
志》中記載：「女嬰即出女司事及餵媼教以女工，年長妥為擇配，殘疾者送清節
堂收養，全其天年。」《（光緒）南匯縣志》記載：「殘疾女嬰養至十三歲，如
無人領去及難以配偶者，撥入養濟院以養餘生。」〈陝西育嬰堂條規〉則記載：

的殘疾女性，為能獲得生活食用，依附乳婦頭。在揚州育嬰堂遭盜賊毀壞之後，乳婦頭仍「強索口糧」，顯示乳婦頭等女性因生活窮困，選擇群聚行動，獲取糧食，求得溫飽，可視為一種生存策略。此外，腰牌原是發給乳婦，作為放領工食的識別證。咸豐九年時，揚州育嬰堂早毀於亂事，應已暫停救濟，並無聘僱乳婦的需求。地方官員仍補給腰牌，應是為濟助殘疾婦女。且在同治八年時，方濬頤等官員將官房改建為收養殘廢之所，顯示官員注意到城內殘疾女性的救濟問題。從這個例子可以推知，當育嬰堂未能妥善安排殘疾女嬰的出路，其他善堂如普濟堂、養濟院或清節堂又未能有效救濟殘疾女性時，將引發難以預期的社會問題，這也顯示至少在清代中期慈善組織在「濟貧」一事上已呈現失能狀態。

同治八年六月，新堂落成，隨即「開堂收養」，共設有六十間乳婦房。翌年（1870）四月，因堂嬰過多，又建屋二十八間，並交由道員與鹽知事等地方官員經理。不料，官員相繼過世，恰巧福建巡撫卞寶第（1824-1893）以終養歸鄉，於是擔負起經營堂務的責任。卞氏認為「嬰多堂不能容」，應增添「外養之所」，選「老成、廉謹專稽外號之司事數人，分路巡察」，又在

「殘疾嬰兒概以養至十三歲，即行出堂，或令男女殘瞎相配亦可。自謀生計各給謀生錢一千文，或撥往養濟院以養餘生。」史料參見〔清〕龔嘉儁修，李榕纂，《（光緒）杭州府志》，卷73，〈卹政四・育嬰堂〉，頁32b；〔清〕金福曾等修，張文虎等纂，《（光緒）南匯縣志》，卷3，〈建置志〉，頁297；〔清〕徐棟輯，《牧令書》，卷15，〈保息・崇編・陝西育嬰堂條規〉，頁31b。據此，可以合理推斷，揚州育嬰堂中部分的殘疾女性可能來自未能妥善安頓之女嬰。

北鄉黃珏橋立分局收養。方濬頤讚許卜寶第「事無鉅細，躬自料理，月必至堂視乳者勤惰」。[14]揚州育嬰堂幾番改革才清釐弊端，方濬頤作〈揚州育嬰堂記〉一文，「詳述其因革始末」，並勒於石碑，「以俾後君子有所效法焉」。[15]

〈揚州育嬰堂記〉全文內容大致如上，「乳婦頭事件」所佔篇幅並不長，諸多訊息受限於史載缺略難以釐清。但相較於其他史料，乳婦、女司事等女性堂役多載於堂規條文，少有實際活動的記載，方濬頤生動地敘述乳婦頭如何「為患」，顯得十分特殊。

方濬頤自乾隆八年朱續晫設置育嬰八處，各處聘一名乳婦頭管理後，就未曾提到乳婦頭。從乾隆年間開始，揚州育嬰堂不斷擴張，所需經費日漸增加，早有許多弊端。何以在道光年間記事中，強調乳婦頭作亂百年之久，是揚州育嬰堂一大禍患？方濬頤作〈揚州育嬰堂記〉，是為記下「因革始末」，以利後人效法，故文中不乏對舊時育嬰堂的批評，如「視囊之散而難稽，惠而不實，迥乎各別」。從方濬頤欲傳達的重點推測，方氏時任兩淮鹽運使，在其任內解決揚州育嬰堂長期以來的弊端，因而特別提出乳婦頭為患一事，實有標榜功績的效果。後來，〈揚州育嬰堂記〉被收錄於地方志與鹽法志中，應是相同的用意。在此文流傳的過程中，八位乳婦頭的評價也逐漸定調。

---

[14] 〔清〕方濬頤，《二知軒文存》，卷21，〈揚州育嬰堂記〉，頁12b-13a。
[15] 〔清〕方濬頤，《二知軒文存》，卷21，〈揚州育嬰堂記〉，頁13b。

文中提及乳婦頭「把持舞弊，相沿已久，莫可誰何」，可見乳婦頭把持堂務是存在已久的積弊，顯示育嬰堂的經營與人事問題，亦凸顯育嬰堂的實際狀況與理想規劃之間，恐有很大的差距。此外，從本書第三章的討論也可以得知，如同乳婦頭一類負責管理乳婦的女性堂役，其工作內容包括乳婦的任用、待遇與獎懲，她們與乳婦之間有頻繁的互動與密切的關係。既然婦頭一職早有設立，原稱司嬰後改稱乳婦頭，並從四位增加為八位。她們負責管理乳婦與堂嬰，應該擁有不小影響力，才能聚集百人且「悉聽婦頭之指揮」。

　　最後，回到本章將處理的評價問題，方濬頤只說乳婦頭「老奸巨猾」，並未從「女性」反抗管理者的角度提出議論。畢竟，乳婦頭是由育嬰堂聘用，從乳婦頭及相關的女性必須嚴守內外之別，或服從於男性管理者的方向思考，恐怕不能完全理解方濬頤的看法。而且，方氏既然說乳婦頭是憑藉「督率之責」號召為患，可見他對乳婦頭事件的批評，是基於乳婦頭未能徹底執行工作，反而藉勢聚集百名婦女「為亂」。不過，揚州育嬰堂經營運作的弊端，以及鉅額的經費問題，早有跡象可尋。乳婦頭與殘疾女性並未群起抗爭或引發大規模的騷動，更反映的是揚州育嬰堂經營運作上的缺失，以及揚州城內殘疾女性的救濟問題。

第二節　乳婦的褒貶與議論

育嬰堂作為救嬰機構，乳婦與女性堂役肩負照護成效的責任，因此往往成為被指責的主要對象。換言之，當乳婦與女性堂役未能善盡救嬰之責，便難得濟貧之惠，更可能招致惡評。

明清士人評論乳婦的史料不多，散見於地方志與文集收錄的幾則序文與堂規，前輩學者也未加以討論。不過，士人的議論，透露出育嬰堂實際運作過程中，「救嬰」與「濟貧」兩大理念難以兩全的困境，也反映出重要的文化思想，值得深入分析。

根據《（乾隆）永定縣志》記載，乾隆十一年（1745），福建汀州府永定縣知縣趙燮，將布政分司改建為育嬰堂，卻不能貫徹實行。論者引用北宋理學家程頤（1033-1107）《近思錄》中，告誡士人之家聘用乳母，恐有「殺人之子」之虞開頭，說：「程伊川曰：『食己子而殺人之子，非道。必不得已，用二子乳食三子。』此為一子不能自乳，僱婦代乳者言也。」[16]顯示作者對育嬰堂以乳婦哺育堂嬰的作法存有疑慮。於是，他又詰問說：

> 若聚百十嬰兒於一堂，即以一婦乳二子，須乳婦數十人，

---

[16]　〔清〕伍煒修，土見川纍，《（乾隆）永定縣志》（收入《故宮珍本叢刊》，第122冊，影印乾隆二十一年刻本，海口：海南出版社，2001），卷3，〈儲恤〉，頁70b-71b。

> 無論同異生睽，內外生嫌。計三年生子者，幾何；婦生而
> 不育者，幾何；婦不育而肯為他人乳子者，幾何；婦肯為
> 人乳子而溫良慈惠者，幾何。[17]

這段文字中，「三年生子」、「生而不育」及「肯為他人乳子」
的提問，都反映論者對雇用乳婦的種種疑慮，尤其是乳婦來源與
人數是否足供育嬰堂之用。即使順利聘僱「肯為人乳子」者，卻
難保她們能以「溫良慈惠」的態度對待堂嬰，這似乎才是論者擔
憂的主因。他認為應聘的乳婦，大多是為了工食而來：「婦必謂
厚其廩餼以招之，貧窶之家保無私溺其子以待僱者，此勢之難行
者也。」[18]乳婦來堂應聘是為豐厚穀糧，貧窮之家也可能溺死親
生子女後，再入堂充當乳婦。其實，論者對乳婦與貧窮家庭的看
法不免過於苛刻。從本書討論「乳婦的來源」一節可以得知，乳
婦主要來自貧窮家庭，獲得工食無疑是主要的目的，亦是育嬰堂
「濟貧」理念的一環。然而，貧窮家庭面對巨大的生存壓力可能
做出的現實抉擇，恐怕是育嬰堂初創時難以預料的。

接著，作者又從「情」的面向論到：

> 第五倫，賢人也，猶自謂視兄子之病不如己子，況婦人

---

[17] 〔清〕伍煒修，王見川纂，《（乾隆）永定縣志》，卷3，〈儲恤〉，頁
70b-71a。
[18] 〔清〕伍煒修，王見川纂，《（乾隆）永定縣志》，卷3，〈儲恤〉，頁71a。

乎！姒娌娣姒之親，能代育所生者何人，況踈逖乎！此情
之難行者也。[19]

第五倫，字伯魚，東漢時期的官員。文中的故事乃出自於《後漢
書》，第五倫與人論「私」時的答覆。作者透過賢者與婦人、
姒娌娣姒與踈逖的對比，凸顯乳婦於賢、於親，都難以將堂嬰
視為親生子女般對待。因此，他主張應效法南宋地方官員王洋
（1087-1154）提出的舉子倉，「逐鄉置倉積穀，貧民受孕者，
五月以上書之籍至免乳日，計日授米，贍本生之母養所生之
子」。[20]從這個例子可以得知，論者對乳婦的疑慮，主要是她們
與堂嬰並非親生關係，恐難以「溫良慈惠」之心照護，或是乳婦
入堂只為工食，不僅傷害親生子女也不利於堂嬰，這兩個面向也
是士人議論與批評的重點。

「非其親生，痛養不關」

湖南人歐陽兆熊（道光十七年舉人）觀察家鄉育嬰堂時發現：

> 吾邑育嬰堂，向雇乳媼百餘人，經費既已不貲，而乳媼皆
> 有子女，仍乳其所生者，而私以飯汁飼所養嬰兒。予見其

---

19 〔清〕伍煒修，王見川纂，《（乾隆）永定縣志》，卷3，〈儲恤〉，頁71a。
20 〔清〕伍煒修，王見川纂，《（乾隆）永定縣志》，卷3，〈儲恤〉，頁71a-b。

面黃肌瘦，聲嘶啼哭不止，不久即當就斃。[21]

歐陽兆熊指出雇用乳婦至少有兩項缺失，一是育嬰堂經費有限難以負擔，二是乳婦偏愛親生子女而忽略堂嬰，造成堂嬰的高死亡率。因此，歐陽兆熊認為，育嬰堂應當改變救濟方法，轉而濟助本生家庭，交由「本婦自乳」。只要撫養時間一長，「母子之情益篤，斷無有忍棄之水濱者」。[22]另外，相似的記載也見於〈作吏管見〉，文中說：「所僱乳媼非其親生，痛癢不關，常致疾疫，不能生全。且乳婦受僱入堂，自己子女不能兼顧，若許隨帶親子，必不均平周到。且乳婦住宿官堂，往來出入稽查稍疏，嫌疑易起。」[23]作者主要從三個面向申論，一是堂嬰並非乳婦親生，未必能盡心照護；二是乳婦與親生子女的安置問題；三是乳婦群聚而居，管理上有不便。另有二則記載，都顯示育嬰堂普遍以乳婦哺養堂嬰，士人因為乳婦與堂嬰為非親生的關係，恐怕「痛癢不關」，而有所擔憂。

《（同治）弋陽縣志》中收錄江西廣信府弋陽縣知縣俞致中〈勸捐序〉一文。俞致中有感於「溺女之風於今為烈」，為文呼籲「紳耆、商賈、各色殷戶勉力捐資」，共襄善舉。俞致中發現，弋陽縣民溺嬰與否不可確知，卻「往往棄之道旁」，致使嬰

21　〔清〕歐陽兆熊、金安清，《水窗春囈》（北京：中華書局，1997），卷上，〈育嬰變通善法〉，頁20。
22　〔清〕歐陽兆熊、金安清，《水窗春囈》，卷上，〈育嬰變通善法〉，頁20。
23　〔清〕徐棟輯，《牧令書》，卷15，〈保息・作吏管見〉，頁35a-b。

兒露臥於外,「求乳不得」、「凍餓以絕」,實與溺死無異。儘管如此,俞氏以為「溺」與「棄」仍有區別,其曰:「溺則必置之死,而棄則猶望其生。置之死者,尚欲救之,豈望其牛者而顧置之乎。」[24]循此脈絡,俞致中認為,育嬰之法,與其由「他人母而哺之」,不如由親生母親自哺,以「遂其望生之本意,而不之棄」。[25]俞氏辨析溺嬰與棄嬰的差異,認為應藉由「望生」之情,採行親生父母自哺的方法。從另一個角度來看,俞致中亦是疑慮乳婦與堂嬰並非親生關係,難以比擬本牛父母愛護子女之心。

　　《(光緒)鎮海縣志》(隸屬浙江省寧波府)中,收錄宗源瀚(1834-1897)的〈育嬰堂記〉。主要敘述光緒二年(1876),鎮海縣育嬰堂「資者絡繹不絕」,宗源瀚感於「創始不易,有終尤難」,於是告誡育嬰堂的經理與司事等人,務必謹慎辦理。[26]宗氏在叮囑管理者應認真督察乳婦時說到:

> 凡為善舉者,當思久遠之規,而嬰堂所繫更重,襁褓之物,得乳則生,不得則死,性命既在於呼吸,而鞠育者又非己之父母,哺之未必周至,加以寒暖、饑飽、疾病、痛

24　〔清〕俞致中等修,汪炳熊等纂,《(同治)弋陽縣志》(影印同治十年刊本,臺北:成文出版社,1989),卷3,〈建置‧知縣俞致中勸捐序〉,頁46a-b。

25　〔清〕俞致中等修,汪炳熊等纂,《(同治)弋陽縣志》,卷3,〈建置‧知縣俞致中勸捐序〉,頁46b。

26　〔清〕俞樾纂修,《(光緒)鎮海縣志》,(影印光緒五年刊本,臺北:成文出版社,1974),卷5,〈公所‧宗源瀚記〉,頁14b。

癢，呱呱者不能自語也，設非經理認真，隨時督察，彼乳
婦何知豈可恃乎。[27]

宗氏的告誡，顯示乳婦對堂嬰而言，攸關生死，甚為重要。不
過，堂嬰並非乳婦親生，未必能照顧周到，管堂人必須嚴格監
督。值得注意的是，從《（乾隆）永定縣志》、歐陽兆熊、弋
陽知縣俞致中與宗源瀚的論述可以發現，在「救嬰」一事上，
母子之情可能使乳婦不顧堂嬰，也能使生母不捨棄溺所生。在
這兩個面向影響下，乳婦、堂嬰與親生子女之間的關係也就更
加複雜。

「貪戀工資」

從上引《（乾隆）永定縣志》可知，士人亦批評乳婦只為獲
得錢糧。在《（光緒）嘉應州志》中有一則記載，主要描述本生
父母用盡各種方法，只為獲得工食，其曰：

初生嬰女，本父母請人代送入堂，串同掛號，其母即來領
乳，並日後有他人願領為媳，乳母貪戀工貲，藉端撓阻
者，查出即將嬰兒另交別人抱撫，仍要追回各費並月給工
金。再儻凡送來者，即交住堂乳母撫育，將在堂嬰女，調

---

27 〔清〕俞樾纂修，《（光緒）鎮海縣志》，卷5，〈公所‧宗源瀚記〉，頁14b。

換新乳婦抱養，庶免斯□。[28]

士人針對乳婦一方面利用親生女嬰謀得工食，另一方面破壞育嬰堂收嬰秩序之舉，當是多加譴責。不過，從行文來看，親生父母將初生女嬰送入育嬰堂，應是夫婦共同決定。後續本婦領乳、阻撓婚嫁之舉，卻僅責備乳婦「貪戀工貲」，不見對本父的批評。或許，這則史料係出自育嬰堂章程，本父的角色便不是關注的重點。

在《得一錄》收錄經芳洲的〈恤嬰芻言〉中，有一則規範逾月及期歲嬰兒入堂注意事項的條規，亦談及乳婦好利與勤惰：

> 一嬰之來堂，有逾月及期歲以外者，必病症危險，或隱疾內傷居多。不然，彼父母何忍割愛，非比初生之嬰，尚無嬉笑動情也。故遇此種嬰，維持調護尤宜周至，此內育之所以斷難乳領兩嬰也。然無勸懲之道，不足以激勵乳婦之心。蓋勤者日夜勞瘁，嬰病得嬰即發外育，而外育之有病者，仍回堂中乳養，最盡辛苦，苟無區別，其心何甘。況勤者必具慈心，雖齷齪不堪之嬰，望其生全，而不忍嫌棄。至惰者，保無別具肺肝，冀換乳領乾淨之嬰。居心各別，功過懸殊，自有賞給之例，即惰者或因利而知勉，庶

---

[28] 〔清〕吳宗焯等修，溫仲和等纂，《（光緒）嘉應州志》，卷14，〈育嬰堂·育嬰堂章程〉，頁7b-8a。

可望全活嬰命於什百耳。[29]

　　從這則條文得知，滿月或足歲嬰兒多是身患急症或有隱疾，父母才會割愛送入育嬰堂。面對病嬰，育嬰堂必須格外留心，令內堂乳婦照養，以就近查察。然而，經芳洲也顧及乳婦可能的各種心境，而有詳細的規範。特別的是，認為乳婦欲得賞給之「利」，進而轉惰為勤，是在批評乳婦貪利的記載中，少見給予「利」積極作用的論述。

　　回顧本書前所引用唐甄〈恤孤〉一文，唐甄也以「第貪三百錢」、「所養之子，置之不顧」評論乳婦，凸顯這兩大面向是士人關注的核心。上述徵引的史料中，《（乾隆）永定縣志》、俞致中、歐陽兆熊與〈作吏管見〉四則記載，係在主張以本生父母養育為佳的脈絡下書寫。不過，論者多是出於對育嬰堂的觀察，應能反映出育嬰堂部分經營實況。其次，若據梁其姿與夫馬進的研究，採取親生父母自養之法或是設置保嬰會，是清代中晚期，尤其是嘉慶年間以後盛行的方法。但從本節討論可知，永定縣育嬰堂一例是發生於乾隆年間。可見，士紳對於育嬰堂以乳婦哺育嬰兒的救濟方法早有疑慮，可能到清中晚期才匯聚成較為顯見的聲音。然而，藉由這些議論可以發現，士人對乳婦的看法，以及育嬰堂理念及其實踐難以兩全的困境。

---

[29] 〔清〕余治，《得一錄》，卷3，〈育嬰堂章程・經芳洲・恤嬰芻言〉，頁11a-b。

小結

　　明清士人鮮少記錄育嬰堂運作的狀況，更遑論乳婦的日常生活，或是時人給予她們的評價。前輩學者受限於史料不足及關注焦點集中士紳階層，忽略士人筆下的乳婦及相關議論所反映出的思想。本章首先運用方濬頤〈揚州育嬰堂記〉，分析揚州育嬰堂的經營實況，以及「乳婦頭事件」透露出的訊息。值得注意的是，方氏對「乳婦頭」的評論，並非以女性破壞性別秩序為由，而是乳婦頭憑藉職權號召為亂，未能盡到工作本分。其次，在分析地方志與文集中的碑記、序文與育嬰堂條規後得知，士人議論乳婦的重點主要有二，一是乳婦與堂嬰非親生關係，乳婦必然不會視堂嬰如己出般悉心照料，二是批評乳婦入堂只為獲得工食銀。

　　明清時人對育嬰堂乳婦的評價是否具有特殊性？根據衣若蘭的研究指出，明代的「三姑六婆」跨越內外與公私界限，破壞明代士人理想的兩性關係，即「男外女內」之秩序，容易招致士人撻伐。又在晚明商品經濟蓬勃發展下，三姑六婆一類的職業婦女，活躍於市場經濟，投入奢華的潮流，易有貪財好利的惡名。[30] 然而，關於明清士人家庭中乳婦的評價，仍未有詳盡的研

---

[30] 衣若蘭，《「三姑六婆」：明代婦女與社會的探索》，頁148-151、177-178。

究。不過，晚明小說《金瓶梅》第十二回「潘金蓮私僕受辱，劉理星魘勝求財」中，透露出一些線索。在該回之末，作者以說書人的角色現身，提醒眾人說：「但凡大小人家，師尼、僧道、乳母、牙婆，切記休招惹他，背地什麼事不幹出來？古人有四句格言說得好：堂前切莫走三婆，後門常鎖莫通和。院內有井防小口，便是禍少福星多。」[31]在這段文字中，作者將乳母與三姑六婆中的尼姑、牙姑並陳，提醒眾人謹慎防範這群穿門踏戶的職業婦人。

同樣以乳婦為職，但在育嬰堂的議論中卻不見以遊走公私之間，破壞男女之防為由的批評。本書在第三章論點的基礎上進一步申論，育嬰堂透過內部空間的配置，形成內、外堂之分，創造出符合士紳維護的性別秩序。因此，乳婦若能在內堂發揮健康照護之能，完盡救嬰之責，便不會招致破壞內外藩籬的責難，似為乳婦評價產生差異的主因。至於外堂乳婦的記載不多，不過，外堂乳婦若在家內全心照護堂嬰，符合女性照護嬰幼的社會角色，應不致有破壞內外之隔的責難。而且，三姑六婆及士人家庭的乳母，最為士人詬病之處，主要是她們穿門踏戶，進入私人空間，有破壞家內秩序的疑慮。相較之下，育嬰堂的乳婦涉入的是一個獨立於家庭之外的組織性的空間，對個人家庭秩序並不構成威脅，其評價亦當別於三姑六婆。其次，士人雖有批評育嬰

---

[31] 〔明〕笑笑生，《金瓶梅》（臺北：三民書局，1985），第十二回，〈潘金蓮私僕受辱，劉理星魘勝求財〉，頁98。

堂的乳婦貪愛工資，仔細梳理也可以發現與三姑六婆的差異。貧窮家庭的婦女應聘入堂，獲得工食，是育嬰堂濟貧理念的實踐，無關貪愛錢財。不過，當乳婦未盡「救嬰」之責時，便容易招致職業婦女貪財好利的批評，顯示乳婦匯聚「貧窮階層」與「職業婦人」兩種身分的特殊性，實與三姑六婆一類市井女性有所區別。

　　本章開頭講述松江府南橋育嬰堂乳婦宋氏的故事。宋氏捨命救嬰，甚至受到旌表。在多數士人「貪財好利」與「痛癢不關」的議論聲中，宋氏的故事為乳婦增加正面評價。其實，前引〈恤嬰芻言〉中，經芳洲也認為乳婦仍有「日夜勞瘁」、「最盡辛苦」、具有慈心者。可見，乳婦並非殉死才能獲得讚賞，當乳婦能善盡救嬰之責方能獲得肯定，在在反映出士大夫理想的乳婦形象。總之，時人對乳婦的評價與議論，反映出育嬰堂在「救嬰」與「濟貧」的兩難困境之下，乳婦身兼救濟與受濟者的雙重身分，結合著貧窮階層、職業婦人及健康照護者等多元因素，匯聚成複雜的議論聲音。

▌結論

崇禎年間,揚州商人蔡璉創立揚州育嬰社,是為民營育嬰堂的開端。晚明士人劉宗周指出揚州育嬰社兼具「恤孤」與「賑貧」之效,揭示晚明以降育嬰堂的兩大理念,即是本書題旨所揭之「救嬰」與「濟貧」。明清時期育嬰堂的乳婦,一方面是落實救嬰的關鍵人物,另一方面則是濟貧理念下的救濟對象。乳婦兼具施、受救濟者的角色,在明清善會善堂史中,是值得深入探究的重要課題。

關於明清的慈善組織,前輩學者的研究皆頗富創見與啟發。首先,梁其姿與夫馬進針對明清善會、善堂的發展,作一長時段的觀察,提出各時期的特徵並據以分期,也為後進研究者提供一個宏觀的視野,藉以瞭解善會、善堂發展的趨勢。不過,這樣的分期,主要是以江南地區為研究對象,且部分論點並非針對育嬰堂所提出。後來讀者若未能仔細留意、辨析,可能會忽略相異創設型態,或不同地區的善會、善堂所呈現的多樣面貌。例如,雍正、乾隆時期的「官營化」,其實並不能涵蓋官辦及民辦育嬰堂兩種類型,若為「官辦」育嬰堂實不宜以「官營化」

稱之。清中後期的「小社區」型態，也忽略育嬰堂並未被小型育嬰機構取代的狀況。育嬰堂可能兼採堂內救濟、堂外救濟與自養三種救濟方式，小型育嬰機構也有救濟孤兒、棄嬰之例，呈現更多樣化的救濟方式。

其次，雍正二年（1724）諭令的影響、皇帝與士紳對創設育嬰堂的態度，以及士紳對官方力量介入的看法，皆是前輩學者討論的重點。尤其雍正皇帝曾以「道婆之政」形容創設育嬰堂、普濟堂等慈善組織，近人研究也因此定調育嬰堂是「軟性的非急務」。學者或以天主教徒徐光啟（1526-1641）的外曾孫許纘曾（1627-？），「以母之名」創設育嬰堂的例子，說明士人對慈善組織的態度與雍正皇帝如出一轍。不過，本書分析雍正皇帝〈育嬰堂碑記〉，以及文集、地方志中的碑記與序文之後認為，皇帝與士紳大都表示創設育嬰堂是承繼先秦典籍的恤孤理想，並延續歷代君主的保赤仁政，實非婦人慈仁之事。而且，許纘曾基於信仰因素，進而創建育嬰堂的可能性也不能忽略。此外，藉由王鳴盛〈嘉定縣移建育嬰堂記〉一文，可進一步瞭解雍正、乾隆時人對雍正二年諭令的理解。至於士紳對「官營化」的態度，乾隆年間的戲曲《育嬰堂新劇》則可略補地方志的不足，並推知士紳對官方力量介入育嬰堂，似有產生負面的議論。

再者，關於育嬰堂人事編制與管理制度的問題，受限於史載缺略，前輩學者並未多加討論。本書分析地方志收錄的育嬰堂條

規後有幾點發現，第一，育嬰堂的管理制度雖有輪值制與董事制兩種，但隨著經營與運作實況，難有固定的制度。第二，育嬰堂的人事編制，雖然沒有明顯的階層關係，但仍可略分為管理者與堂役兩大類，呈現出與晚明善會的會員制度相異的運作模式。第三，育嬰堂有內、外堂之別，堂役也有內、外之分，男性堂役負責外堂事務，女性堂役則負責內堂事務。其中，女性堂役的選擇條件，多要求曾經生育者，顯示女性能藉由產育經驗求取工作機會。值得注意的是，從部分堂役的來源，還有不屬於堂役卻負責要職的醫生、官媒與穩婆的例子，可以發現善堂之間或善堂與地方官府之間人員互相支援的情形，是值得進一步討論的課題。

最後，關於「城市育嬰堂能否救濟鄉村女性」的問題，雖然答案是否定的，但仍有需要釐清之處。第一，評估城市育嬰堂對鄉村女性的濟助時，不應忽略育嬰堂在初創時，就有救濟範圍的侷限。第二，清中晚期延伸至鄉村地區的小型育嬰機構的設置，鄉村女性便能入堂充當乳婦。值得注意的是，前輩學者認為，晚明在經濟蓬勃發展下，致使社會身分的價值觀出現變化，又因人力與財力皆聚集於城市，促使善會、善堂也興起於此。清代前期的慈善組織也大多設在府縣層級的都市，直到清中後期才延伸至鄉鎮地區。就本書關於乳婦來源的討論來看，也反映明清善會、善堂發展的變化，呈現從都市地區向外擴展至鄉鎮地區的大趨勢。

明清育嬰堂的乳婦與女性堂役，涉及女性的勞動營生與醫療照護兩大課題，在明清性別史與醫療史上具有推進意義。首先，前輩學者討論明清女性職業與生計的課題，大多聚焦於游走在公私之間的「三姑六婆」，或是中上階層的「閨塾師」。本書則藉由乳婦的例子，試析進入一個組織性機構中的職業婦人具有的特殊性。在「空間與性別」意涵的分析下，一方面，凸顯育嬰堂從人事編制、空間布局與生活起居的規範，皆合乎士紳所秉持的內外之防與倫理秩序。另一方面，顯示內堂乳婦雖是出外工作，實是進入另一個秩序之中。在此基礎之上，才可以進一步解釋士人對育嬰堂乳婦的評價，會與晚明「三姑六婆」及《金瓶梅》中的乳母產生差異的原因。此外，乳婦與其他女性堂役的互動，史料雖無詳細記載，本書透過條規的梳理，仍可推知乳婦、女司事與老嫗等女性堂役之間，應有密切的互動與往來，亦是育嬰堂乳婦的特色之一。

　　其次，在明清時期醫療照護的既有研究中，針對女性在慈善組織中的照護活動仍有不足。梁其姿討論明清社會中的醫學發展時，注意到施藥、施醫功能的慈善組織，在明清醫療市場中扮演的角色。本書分析堂規中乳婦的揀選條件、照護活動的規範得知，條文內容或是傳抄歷代醫書，或是延續醫家論述，據此，可將育嬰堂視為明清醫療知識傳遞的場域之一。值得注意的是，訂定乳婦的揀選條件，皆是男性醫者與士紳，致使吾人忽略這些條文的實踐者。從育嬰堂實際運作的過程來看，官媒、穩婆與女性

堂役為第一線的執行者。而且，這些女性也未必完全依循條規的規定，可能依照自身經驗進行判斷。換言之，將育嬰堂視為醫療知識的場域時，便不能忽視女性所扮演的重要角色。再從健康照護的角度來看，乳婦並非被動接受堂規中關於嬰兒照護工作的指示。尤其，堂嬰的健康狀況不盡相同，勢必倚賴乳婦的貼身觀察，才能採取適當的護理措施。值得一提的是，堂規要求乳婦觀察新生兒落臍狀況，或是以身體親觸堂嬰，皆凸顯在醫療照護活動上，女性健康照護者大多以親身實踐，男性則以著述育嬰條規或醫方的形式參與。

倘若我們將視角轉移至同時期的西方。大約17至19世紀，歐洲人僱乳情形逐漸普遍，已從上層階級向下延伸至中產階級家庭，以及忙於工作無暇親餵乳汁的勞工階層婦女。不過，醫學界與衛道者反對奶媽的聲音，也同時存在於社會之中。到了18世紀，歐洲局勢動盪、戰事頻仍，當國家積極擴展經濟及軍事能力之際，人口減少成為一項令人擔憂的問題。嬰兒夭折率居高不下，於是歸咎於將孩子交給奶媽哺育，並開始大力提倡由母親餵乳，以符合自然與家庭責任。當時，歐洲人針對奶媽的身心狀況與品行皆有相當的要求，與傳統中國醫方及育嬰堂揀擇乳母的條件有相似之處。不過，歐洲人對於乳母的批評，展現對低下階層婦女的偏見，並將階級與品德連結。例如，有論者認為孩子吸吮奶媽乳汁，會沾染低下階層的品行。又或奶媽來自貧窮之家，勢

必疾病纏身，難以為孩子帶來健康。[1]相較之下，清代士人評價育嬰堂乳婦，很少是基於階級與貧窮。除非乳婦未盡救嬰之責，才會招致貪財好利的批評。就這點來看，更凸顯出育嬰堂乳婦集施、受救濟者兩種身分於一身的特殊性。

到了晚清，西方傳教士來到中國創設育嬰堂，由修女與貞女負責照護堂嬰。若有尚須哺乳的幼兒，傾向交由同樣也在哺育嬰幼兒的教友家中照顧，或在當地聘僱乳母。當時，中、西育嬰堂互相競爭，更有提高乳婦薪資作為誘因者。[2]此外，隨著牛乳、

---

[1] 本段17至19世紀歐洲傭乳的概況、選擇、議論與反奶媽的風潮，參見Valerie A Fildes, *Wet Nursing: A History from Antiquity to the Present* (Oxford; New York: Basil Blackwell, 1988), pp. 79-126；George D Sussman, *Selling Mother's Milk: The Wet-nursing Business in France, 1715-1914* (Urbana: University of Illinois Press, 1982), pp. 19-35；達倫・席賓格（Londa Schiebinger）著，余曉嵐譯，陳恆安校定，〈「獸」何以稱為「哺乳」動物〉，收入吳嘉苓、傅大為、雷祥麟主編，《科技渴望性別》（臺北：群學出版公司，2004），頁63-75；勞倫斯・史東（Lawrence Stone）著，刁曉華譯，《英國十六至十八世紀的家庭・性與婚姻（下）》（臺北：麥田出版，2000），頁340-345；瑪莉蓮・亞隆(Marilyn Yalom)著，何穎怡譯，《乳房的歷史：西方的宗教、家庭、政治與資本主義如何建構出乳房神話，及其解放之路》（臺北：麥田出版，2019），頁130-140。另外，蕭琪在一篇書評中指出，近世中國與近代西方在揀擇乳母方面實有相似之處，並回顧同時期的北美及歐洲殖民地傭乳情形。參見蕭琪，〈評熊秉真，《幼醫與幼蒙——近世中國社會的綿延之道》〉，《新史學》，30：3（臺北，2019.9），頁194-195。

[2] 晚清傳教士的育嬰堂與乳婦的研究，散見於各篇文章仍未有專論，陳方中討論法國天主教傳教士在中國的傳教活動，其中之一是創設「聖嬰善會」以救濟孤兒；黃郁惠處理晚清江蘇地區的育嬰機構時，論及傳教士辦理育嬰堂的方法，參見，陳方中，〈法國天主教傳教士在華傳教活動與影響〉（臺北：國立臺灣師範大學歷史學系博士論文，1999），特別是第五章，「傳教士的認知與傳教方式」，頁313-360。Julia Stone則關注1850年德國傳教士在香港創設的「巴陵育嬰堂」，尤其是堂中女孩的生活，參見Julia Stone, *Chinese Basket Babies: A German Missionary Foundling Home and the Girls It Raised (1850s–1914)* (Wiesbaden: Harrassowitz, 2013).

奶粉的傳入與普及，如何育嬰成為當時討論的議題，是否雇請乳母也夾雜於各種聲音之中，奶粉商也藉由批評乳母試圖增加奶粉的銷售量。凡此種種，均暗示乳婦這一傳統女性職業到了近代面臨新的挑戰而有新的發展，有待未來進一步的研究。

　　本書以乳婦為核心，透過社會、性別與醫療等面向，呈現明清善會、善堂更豐富的面貌。反思士人在條規中對乳婦千叮萬囑的態度，及其對於乳婦的議論，實是行善理念、性別與階層等多方因素的相互交織，反映出育嬰堂理想與經營實況間的落差，更凸顯「救嬰」與「濟貧」難以兩全之下，乳婦可能面臨的困難與窘境。從研究方法的角度觀之，士人的議論文字實是分析思想的重要材料，吾人可以進一步展望，「性別」與「思想」的交會，將深化明清社會文化史的研究。

▌後記

　　清人朱筠《笥河文集》收錄〈張烈婦紀事〉一文。張烈婦與丈夫，育有一子一女，以務農維生。不幸，張氏之夫因操勞過度，臥病不起，終究過世。張氏經濟困頓，苦無奧援，只能將女兒送入育嬰堂，再將兒子賣人為養子。張烈婦的遭遇近似書中破題所說的唐甄僕人一家處境，訴說著明清社會中最貼近底層的生活。其中，明清時期大量創設的育嬰堂，是這兩則故事共通的元素，也是我探索明清性別與社會文化的窗口。

　　明清時期慈善組織的研究，前輩學者的著作豐富，也提出被廣為接受的觀點。初次接觸各家大作，逐頁細讀，畫線筆記。當時的我難以想像能在名家論著的基礎上，進一步討論此一課題，並寫作碩士論文。拙著構想來自閱讀研究產生的困惑，前輩學者聚焦於士紳與官方的討論，讓人不禁思索：「慈善組織日常運作的情形如何？」又因對性別史的興趣，於是思考：「性別視野下的善會善堂史，能有不同的面貌嗎？」我的指導教授林麗月老師，將學位論文口試比喻為「最後一堂課」。2019年7月，經歷緊張的口試後，順利修畢這門課。現在拙作終於要出版了！這本

小書並非大師論著，只是碩士生的學習成果，這篇後記自然不是精彩的學術回顧，僅是樸實文字，表達平時未能致意的感謝。

　　碩士班三年必須感謝許多老師的提攜以及學友的相互支持。否則，僅憑我的能力與學識，難以完成這段探究的過程。我最要感謝的是林麗月老師，這本碩士論文能有一點發現、貢獻，甚至獲得肯定，都必須歸功於老師的教導與鼓勵。感謝李貞德老師、何淑宜老師、衣若蘭老師與葉高樹老師，在寫作的各個階段，指出修改方向，提示相關研究，賜知史料訊息。感謝師大歷史系的老師，以及所上良好的學習與研究環境。感謝師門學長姐，蕭琪學姐、政緯學長總能給我直接的建議，並經常關心我的日常生活。碩士班的日子，在讀書、寫作與修課中度過，當這些平凡的關鍵字連結起來，將是彌足珍貴的日常：亭方、安理、慈惠、柏安、君豪，感謝他們在寫作碩士論文期間的關心，並給予我寫作上很好的建議。

　　2019年12月，拙作幸運獲得中研院近史所「近代中國婦女史」碩士論文獎。幾週後，我踏入四個月的兵役生活。這期間，我曾將論文第四章修改為「明清育嬰堂的乳婦敘事與社會評價：從揚州『乳婦頭事件』談起」一題，報告於中國明代研究學會2020年會的「青年學者論文發表會」，在會中，感謝評論人蔣竹山老師及與會師長惠賜寶貴修改意見。

　　2020年上半年，面對博班考試與疫情等各種未知，林老師傳來了一句簡單，卻溫暖十足的打氣：「春寒過後，希望能有好消

息。」同年5月，獲得「郭廷以先生獎學金」，是一件開心的難以言喻的好消息。無論是平時閱讀，或寫作論文，或研究徵引，前輩學者、學長姐的著作，是書桌上不可或缺的讀物。在這些論著裡，隨著前輩思路，匍匐前進，慢慢摸索，何謂研究的道路，一方面深感自己不足，一方面砥礪自我。林老師《明代的國子監生》一書，收入師大歷史專刊（5），今日能獲得這個獎項，有機會出版為專刊，是很大的激勵。2021年初，拙著部分內容經過改寫，投稿《近代中國婦女史研究》（36期），增補同時期西方乳母、傳教士創設的育嬰堂等段落，修改期間感謝連玲玲老師耐心閱讀，提出許多修改建議，對我這個初次投稿學術期刊的新手，給予極大的鼓勵與包容，並感謝匿名審查人具體直接的評論，使論文能增補精進。

最後，謹以此書與獎項，獻給林老師以及我的家人，感謝老師無私的教導與關懷，感謝家人無微不至的照顧，容許我徜徉於自我的興趣，祝福您們平安健康。

2021.10寫於師大歷史系

▌ 徵引書目

一、古籍史料

（一）檔案與官書典籍

《清實錄・高宗純皇帝實錄》，北京：中華書局，1985。

《清實錄・仁宗睿皇帝實錄》，北京：中華書局，1985。

《清實錄・世宗憲皇帝實錄》，北京：中華書局，1985。

《清實錄・聖祖仁皇帝實錄》，北京：中華書局，1985。

《清實錄・宣宗成皇帝實錄》，北京：中華書局，1985。

《清實錄・穆宗毅皇帝實錄》，北京：中華書局，1985。

《清實錄・德宗景皇帝實錄》，北京：中華書局，1985。

〔清〕允祹等奉敕撰，《欽定大清會典則例・乾隆朝》，收入《景印文淵
　　閣四庫全書》，第620-625冊，臺北：臺灣商務印書館，1983。

〔清〕清世宗御製，《世宗憲皇帝御製文集》，收入《景印文淵閣四庫全
　　書》，第1300冊，臺北：臺灣商務印書館，1983。

〔清〕托津等奉敕纂修，《欽定大清會典事例・嘉慶朝》，收入《近代中國
　　史料叢刊三編》，第64-70輯，第631-700冊，臺北：文海出版社，1991。

〔清〕劉錦藻撰，《清朝續文獻通考》，臺北：新興書局，1963。

〔清〕于敏中等纂修，《欽定戶部則例（乾隆朝）》，收入《清代各部院
　　則例》，第7冊，香港：蝠池書院出版有限公司，2004。

〔清〕崑岡等奉敕著，《欽定大清會典事例・光緒朝》，臺北：啟文出版
　　社，1963。

中國第一歷史檔案館編，《雍正朝起居注冊》，北京：中華書局，1993。
國立故宮博物院編，《宮中檔雍正朝奏摺》，臺北：國立故宮博物院，
　　1979。

（二）地方志

〔明〕馮夢龍，《壽寧待志》，南京：鳳凰出版社，2007。
〔清〕何棁等撰，《（康熙）鎮江府志》，影印日本內閣文庫藏康熙二十
　　四年序刊本，臺北：國家圖書館漢學研究中心，1990。
〔清〕馬如龍撰，《（康熙）杭州府志》，影印日本內閣文庫藏康熙二十
　　五年序刊本，臺北：國家圖書館漢學研究中心，1990。
〔清〕潘拱辰等纂修，《（康熙）松溪縣志》，影印民國十七年重刊本，
　　臺北：成文出版社，1975。
〔清〕尹會一、程夢星等纂修，《（雍正）揚州府志》，影印雍正十一年
　　刻本，臺北：成文出版社，1975。
〔清〕吳宜燮修，黃惠等纂，《（乾隆）龍溪縣志》，影印乾隆二十七年
　　修，光緒五年補刊本，臺北：成文出版社，1967。
〔清〕雅爾哈善等修，習寯等纂，《（乾隆）蘇州府志》，乾隆十二年刊
　　本，臺北：國立臺灣師範大學藏。
〔清〕王祖肅、楊宜侖修，虞鳴球、董潮纂，《（乾隆）武進縣志》，收
　　入《稀見中國地方志匯刊》，第12冊，影印乾隆年間刊本，北京：中
　　國書店，1992。
〔清〕伍煒修，王見川纂，《（乾隆）永定縣志》，收入《故宮珍本叢
　　刊》，第122冊，影印乾隆二十一年刻本，海口：海南出版社，2001。
〔清〕呂肅高修，張雄圖纂，《（乾隆）長沙府志》，影印乾隆十二年刊
　　本，臺北：成文出版社，1976。
〔清〕李拔等纂，曾瑛等修，《（乾隆）汀州府志》，影印乾隆十七年
　　修，同治六年刊本，臺北：成文出版社，1967。

〔清〕黃之雋等撰，《（乾隆）江南通志》，影印乾隆三年重修本，臺北：華文書局，1967。

〔清〕鄭澐修，邵晉涵纂，《（乾隆）杭州府志》，收入《續修四庫全書》，史部政書類，第701-703冊，影印乾隆四十九年刻本，上海：上海古籍出版社，1995。

〔清〕呂燕昭修，姚鼐纂，《（嘉慶）重刊江寧府志》，影印嘉慶十六年修，光緒六年刊本，臺北：成文出版社，1974。

〔清〕楊宜崙修，夏之蓉等纂，《（嘉慶）高郵州志》，影印嘉慶十八年增修，道光二十五年重校刊本，臺北：成文出版社，1970。

〔清〕左輝春纂，《（道光）續增高郵州志》，影印道光二十三年刊本，臺北：成文出版社，1974。

〔清〕陳雲章等修，張紹璣等纂，《（道光）武寧縣志》，影印道光四年刊本，臺北：成文出版社，1989。

〔清〕徐宗幹纂，盧朝安重纂，《（咸豐）濟寧直隸州志》，影印咸豐九年刊本，臺北：臺灣學生書局，1968。

〔清〕涂宗瀛，《江寧府重建普育堂志》，同治十年刊本，劍橋：哈佛燕京圖書館藏，http://id.lib.harvard.edu/aleph/007511776/catalog，擷取日期：2017年10月1日。

〔清〕《（同治）福建省例》，影印國立臺灣大學戴炎輝教授珍藏本抄錄，收入《臺灣文獻叢刊》，第199種，臺北：臺灣銀行經濟研究室，1964。

〔清〕周際霖等修，周頊等纂，《（同治）如皋縣續志》，影印同治十二年刊本，臺北：成文出版社，1970。

〔清〕俞致中等修，汪炳熊等纂，《（同治）弋陽縣志》，影印同治十年刊本，臺北：成文出版社，1989。

〔清〕黃式度修，王柏心纂，《（同治）漢陽縣志》，收入《中國地方志集成·湖北府縣志輯》，第5冊，影印同治七年刻本，南京：江蘇古籍出版社，2001。

〔清〕達春布修，黃鳳樓纂，《（同治）九江府志》，影印同治十三年刊本，臺北：成文出版社，1975。

〔清〕王安定纂，《（光緒）兩淮鹽法志》，收入《續修四庫全書》，史部政書類，第842-845冊，影印光緒二十　年刻本，上海：上海古籍出版社，1997。

〔清〕王其塗等修，湯成烈等纂，《（光緒）武進陽湖縣志》，影印光緒三十二年重印本，臺北：臺灣學生書局，1968。

〔清〕江峰青等修，顧福仁等纂，《（光緒）嘉善縣志》，影印光緒十八年刊木，臺北：成文出版社，1970。

〔清〕余麗元纂修，《（光緒）石門縣志》，影印光緒五年刊本，臺北：成文出版社，1975。

〔清〕吳兆熙，張先掄修纂，《（光緒）善化縣志》，影印湖南圖書館藏光緒二年本，長沙：嶽麓書社，1975。

〔清〕吳宗焯等修，溫仲和等纂，《（光緒）嘉應州志》，影印光緒二十四年刊本，臺北：成文出版社，1968。

〔清〕李前泮修，張美翊纂，《（光緒）奉化縣志》，影印光緒三十四年刊本，臺北：成文出版社，1975。

〔清〕李維鈺原本，沈定均續修，吳聯薰增纂，《（光緒）漳州府志》，收入《中國地方志集成・福建府縣志輯》，第29冊，影印光緒三年芝山書院刻本，上海：上海書店出版社，2000。

〔清〕金福曾等修，張文虎等纂，《（光緒）南匯縣志》，影印民國十六年重印本，臺北：成文出版社，1975。

〔清〕俞樾纂修，《（光緒）鎮海縣志》，影印光緒五年刊本，臺北：成文出版社，1974。

〔清〕張紹棠修，蕭穆纂，《（光緒）續纂句容縣志》，影印光緒三十年刻本，臺北：成文出版社，1974。

〔清〕張寶琳修，王棻纂，《（光緒）永嘉縣志》，影印光緒八年刊，民國二十四年補刻版，臺北：成文出版社，1983。

〔清〕博潤等修，姚光發等纂，《（光緒）松江府續志》，影印光緒九年刻本，臺北：成文出版社，1974。

〔清〕彭潤章修，葉廉鍔纂，《（光緒）平湖縣志》，影印光緒十二年刊本，臺北：成文出版社，1975。

〔清〕楊文駿修，朱一新纂，《（光緒）德慶州志》，影印光緒二十五年刊本，臺北：成文出版社，1974。

〔清〕趙定邦等修，丁寶書等纂，《（光緒）長興縣志》，影印同治十三年修，光緒十八年增補刊本，臺北：成文出版社，1983。

〔清〕謝延更等修，劉壽增纂，《（光緒）江都縣續志》，影印光緒九年刊本印，臺北：成文出版社，1970。

〔清〕龔定瀛修，夏子鍚纂，《（光緒）再續高郵州志》，影印光緒九年刊本，臺北：成文出版社，1974。

〔清〕龔嘉儁修，李榕纂，《（光緒）杭州府志》，影印民國十一年鉛印本，臺北：成文出版社，1975。

〔清〕韓佩全等修，張文虎等纂，《（光緒）重修奉賢縣志》，影印光緒四年刊本，臺北：成文出版社，1970。

〔清〕孫雲錦纂，《江寧府重修普育四堂志》，光緒十二年刊本，劍橋：哈佛燕京圖書館藏，https://reurl.cc/y6gg8，擷取日期：2017年10月1日取得。

吳秀之等修，曹允源等纂，《（民國）吳縣志》，影印民國二十二年鉛字本，臺北：成文出版社，1970。

詹宣猷、劉達潛修，蔡振堅等纂，《（民國）建甌縣志》，影印民國十八年鉛印本，臺北：成文出版社，1967。

（三）文集、筆記、官箴書及其他

〔唐〕孫思邈，《備急千金藥方》，影印江戶影寫宋刻本，臺北：宏業書局，1995。

〔宋〕陳自明，《婦人大全良方》，收入《文淵閣四庫全書》，742冊，影印國立故宮博物院藏本，臺北：臺灣商務印書館，1983。

〔宋〕不著撰人，《小兒衛生總微論方》，上海：上海衛生出版社，1958。

〔宋〕陳文中，《陳氏小兒病源方論》，臺北：臺灣商務印書館，1981。

〔元〕朱震亨，《格致餘論》，影印《古今醫統正脈全書》本，北京：中華書局，1985。

〔元〕徐元瑞撰，《吏學指南》，收入《居家必用事類》，東京：株式會社中文出版社，1984。

〔明〕王大綸，《嬰童類萃》，北京：人民衛生出版社，1983。

〔明〕王肯堂，《證治準繩》，影印上海圖書館藏萬曆初刻本，上海：上海科學技術出版社，1989。

〔明〕王鑾，《幼科類萃》，影印明嘉靖十三年刊本，北京：中醫古籍出版社，1984。

〔明〕左懋第，《左忠貞公剩藁》，收入《四庫未收書輯刊》，第6輯第26冊，影印乾隆五十八年左彤九刻本，北京：北京出版社，2000。

〔明〕朱惠民，《慈幼心傳》，明萬曆間潘氏重刊本，臺北：國家圖書館藏。

〔明〕李時珍，《本草綱目》，收入《景印文淵閣四庫全書》，第774冊，臺北：臺灣商務印書館，1983。

〔明〕祁彪佳，《祁忠敏公日記》，收入《北京圖書館珍本叢刊》，史部傳記類第20冊，北京：書目文獻出版社，1993。

〔明〕徐三重，《鴻洲先生家則》，收入《四庫全書存目叢書》，子部第106冊，影印北京圖書館藏清鈔本，濟南：齊魯書社，1995。

〔明〕笑笑生，《金瓶梅》，臺北：三民書局，1985。

〔明〕陳龍正，《救荒策會》，收入《四庫全書存目叢書》，史部第275冊，影印上海圖書館藏明崇禎十五年潔梁堂刻本，濟南：齊魯書社，1996。

〔明〕陳龍正，《幾亭全書》，收入《四庫禁燬書叢刊》，集部第12冊，影印中國社會科學院文學研究所圖書館藏清康熙雲書閣刻本，北京：北京出版社，2000。

〔明〕劉宗周，《人譜類記》，收入《景印文淵閣四庫全書》，第717冊，臺北：臺灣商務印書館，1987。

〔清〕不著撰人，《育嬰堂新劇》，收入《日本所藏稀見中國戲曲文獻叢刊》，第2輯第27冊，影印日本大谷大學圖書館藏鈔本，桂林：廣西師範大學出版社，2016。

〔清〕方濬頤，《二知軒文存》，收入沈雲龍主編，《近代中國史料叢刊》，第49輯，臺北：文海出版社，1970。

〔清〕王鳴盛，《西莊始存稿》，收入《嘉定王鳴盛全集》，第10冊，北京：中華書局，2000。

〔清〕何耿繩，《學治一得編》，收入《叢書集成續編：社會科學類》，第52冊，影印嘯園叢書本，臺北：新文豐出版公司，1989。

〔清〕余治，《得一錄》，影印同治八年得見齋刻本，臺北：華文書局，1968。

〔清〕吳謙著，《醫宗金鑑》，臺北：世一書局，1993。

〔清〕李海觀，《歧路燈》，臺北：臺灣商務印書館，1983。

〔清〕阮本焱，《求牧芻言》，影印光緒年間刊本，臺北：文海出版社，1968。

〔清〕唐甄，吳澤民編校，《潛書》，北京：中華書局，2011。

〔清〕徐棟輯，《牧令書》，收入《官箴書集成》，第7冊，影印道光二十八年刊本，合肥：黃山書社，1997。

〔清〕陳宏謀，《培遠堂偶存稿》，收入《清代詩文集彙編》，第280冊，影印清乾隆刊本，上海：上海古籍出版社，2010。

〔清〕陳康祺，《郎潛紀聞》，北京：中華書局，1997。

〔清〕陳夢雷等纂輯，《古今圖書集成》，上海：中華書局，1934。

〔清〕黃六鴻，《福惠全書》，收入《官箴書集成》，第3冊，影印康熙

三十八年金陵濂溪書屋刊本，合肥：黃山書社，1997。

〔清〕歐陽兆熊、金安清，《水窗春囈》，北京：中華書局，1997。

〔清〕戴肇辰，《從公續錄》，收入《官箴書集成》，第8冊，影印戴氏
　　雜著本，合肥：黃山書社，1997。

〔清〕魏禧，《魏叔子文集》，北京：中華書局，2003。

〔清〕覺羅烏爾通阿，《居官日省錄》，收入《官箴書集成》，第8冊，
　　影印咸豐二年刊本，合肥：黃山書社，1997。

〔日〕丹波康賴，高文鑄等校注，《醫心方》，北京：華夏出版社，
　　2011。

《申報》（上海）

北京圖書館金石組編，《北京圖書館藏中國歷代石刻拓本匯編》，第66
　　冊，鄭州：中州古籍出版社，1990。

兩淮鹽運使署，〈調查揚州育嬰堂經費人數辦法一覽表〉，《淮鹺月
　　報》，14（1915），無頁碼。

清代糧價資料庫，臺北：中央研究院近代史研究所。

二、今人論著

（一）中文專書

夫馬進著，伍躍、楊文信、張學鋒譯，《中國善會善堂史研究》，北京：
　　商務印書館，2005。

方豪，《中國天主教史人物傳第二冊》，香港：香港公教真理學會，
　　1970。

王尊旺、李穎，《醫療、慈善與明清福建社會》，天津：天津古籍出版
　　社，2010。

王衛平、黃鴻山著，《中國古代傳統社會保障與慈善事業——以明清時期為重點的考察》，北京：群言出版社，2005。

衣若蘭，《「三姑六婆」：明代婦女與社會的探索》，臺北：稻鄉出版社，2002。

何炳棣著，葛劍雄譯，《明初以降人口及其相關問題：1368-1953》，北京：生活・讀書・新知三聯書店，2000。

呂實強，《中國官紳反教的原因（1860－1874）》，臺北：中國學術著作獎助委員會，1966。

李貞德，《女人的中國醫療史——漢唐之間的健康照顧與性別》，臺北：三民書局，2012。

柯小菁，《塑造新母親：近代中國育兒知識的建構及實踐（1900-1937）》，太原：山西教育出版社，2011。

高彥頤（Dorothy Ko）著，李志生譯，《閨塾師：明末清初江南的才女文化》，南京：江蘇人民出版社，2004。

梁其姿，《施善與教化：明清的慈善組織》，臺北：聯經出版事業公司，1997。

梁其姿，《變中謀穩：明清至近代的啟蒙教育與施善濟貧》，上海：上海人民出版社，2017。

陳東原，《中國婦女生活史》，臺北：臺灣商務印書館，1994。

勞倫斯・史東（Lawrence Stone）著，刁曉華譯，《英國十六至十八世紀的家庭・性與婚姻（下）》，臺北：麥田出版，2000。

賀蕭（Gail Hershatter）著，韓敏中等譯，《危險的愉悅：20世紀上海的娼妓問題與現代性》，南京：江蘇人民出版社，2003。

熊秉真，《幼幼：傳統中國的襁褓之道》，臺北：聯經出版事業公司，1995。

瑪莉蓮・亞隆（Marilyn Yalom）著，何穎怡譯，《乳房的歷史：西方的宗教、家庭、政治與資本主義如何建構出乳房神話，及其解放之路》，臺北：麥田出版，2019。

劉靜貞，《不舉子：宋人的生育問題》，台北：稻鄉出版社，1998。

盧淑櫻，《母乳與牛奶——近代中國母親角色的重塑（1895-1937）》，香港：中華書局，2018。

韓德林（Joanna Handlin Smith）著，吳士勇等譯，《行善的藝術：晚明中國的慈善事業》，南京：江蘇人民出版社，2015。

（二）中文論文

毛立平，〈婦女史還是性別史？——清代性別研究的源流與演進〉，《婦女研究論叢》，146（北京，2018.3），頁111-120。

王光宜，〈明代女教書研究〉，臺北：國立臺灣師範大學歷史研究所碩士論文，1999。

王業鍵著，陳春聲譯，〈十八世紀福建的糧食供應與糧價分析〉，《中國社會經濟史研究》，1987：2（廈門，1987.6），頁69-100。

王德毅，〈宋代的養老與慈幼〉，收入宋史研究會編，《宋史研究集》，第六輯，臺北：中華叢書編審委員會，1971，頁399-428。

王衛平，〈清代蘇州的慈善事業〉，《中國史研究》，1997：3（北京，1997.9），頁145-156。

王衛平，〈清代江南市鎮慈善事業〉，《史林》，1999：1（上海，1999.3），頁38-63。

王衛平，〈清代江南地區的育嬰事業圈〉，《清史研究》，2000：1（北京，2000.2），頁75-85。

全漢昇，〈宋代女子職業與生計〉，《食貨半月刊》，1：9（上海，1935.1），頁5-10。後收入鮑家麟編著，《中國婦女史論集》，臺北：稻鄉出版社，1999版，頁193-204。

衣若蘭，〈近十年兩岸明代婦女史研究評述（1986-1996）〉，《國立臺灣師範大學歷史學報》，25（臺北，1997.6），頁345-362。

衣若蘭，〈從「三姑六婆」看明代婦女與社會〉，臺北：國立臺灣師範大

學歷史研究所碩士論文，1997。

衣若蘭，〈最近臺灣地區明清婦女史研究學位論文評介〉，《近代中國婦女史研究》，6（臺北，1998.8），頁175-187。

吳佩林、張加培，〈清代州縣衙門中的官媒〉，《歷史檔案》，2018：3（北京，2018），頁69-77。

李金蓮，〈清代育嬰事業中的職業乳婦探析〉，《中華文化論壇》，2008：2（四川，2008），頁16-22。

李金蓮，〈民國時期育嬰堂中的乳婦及其工資待遇〉，《商丘師範學院學報》，28：1（商丘，2012.1），頁71-77

李金蓮，〈民國時期育嬰堂中的乳婦研究〉，《中國社會歷史評論》，13（天津，2012.6），頁258-285。

李貞德，〈超越父系家族的藩籬——臺灣地區「中國婦女史研究」（1945-1995）〉，《新史學》，7：2（臺北，1996.6），頁139-180。

李貞德，〈漢唐之間的女性醫療照顧者〉，《臺大歷史學報》，23（臺北，1999），頁123-156。

李貞德，〈漢魏六朝的乳母〉，《中央研究院歷史語言研究所集刊》，70：2（臺北，1999），頁439-481。

李貞德，〈漢唐之間家庭中的健康照顧與性別〉，收入黃克武主編，《中央研究院第三屆國際漢學會議論文集歷史組：性別與醫療》，臺北：中央研究院近代史研究所，2002，頁1-49。

李貞德、梁其姿主編，《婦女與社會》，《臺灣學者中國史研究論叢》，北京：中國大百科全書出版社，2005，〈導言〉，頁1-10。

李貞德，〈最近臺灣歷史所學位論文中的性別課題——從三本中古婦女史新書談起〉，《新史學》，21：4（臺北，2010.12），頁203-237。

汪毅夫，〈清代福建救濟女嬰的育嬰堂及其同類設施〉，《中國社會經濟史研究》，2006：4（廈門，2006.12），頁14-22。

周春燕，〈胸哺與瓶哺——近代中國哺乳觀念的變遷（1900-1949）〉，《近代中國婦女史研究》，18（臺北，2010.12），頁1-52。

林佳，〈明清醫家對楊梅瘡的認識〉，臺北：國立臺灣大學歷史學系碩士
　　論文，2018。

林麗月，〈從《杜騙新書》看晚明婦女生活的側面〉，《近代中國婦女史
　　研究》，3（臺北，1995.8），頁3-20。

林麗月，〈風俗與罪愆：明代的溺女記敘及其文化意涵〉，收入游鑑明
　　編，《無聲之聲Ⅱ：近代中國的婦女與社會（1600-1950）》，臺北：
　　中央研究院近代史研究所，2003，頁1-24。

林麗月，〈從性別發現傳統：明代婦女史研究的反思〉，《近代中國婦女
　　史研究》，13（臺北，2005.12），頁1-26。

邱仲麟，〈明清的人痘法——地域流佈、知識傳播與疫苗生產〉，《中央
　　研究院歷史語言研究所集刊》，77：3（臺北，2006.9），頁451-516。

邱仲麟，〈明代以降的痘神廟與痘神信仰〉，《中央研究院歷史語言研究
　　所集刊》，88：4（臺北，2017.12），頁785-915。

胡曉真，〈最近西方漢學界婦女文學史研究之評介〉，《近代中國婦女史
　　研究》，2（臺北，1994.6），頁271-289。

孫慧敏，〈民國時期上海的女律師（1927-1949）〉，《近代中國婦女史研
　　究》，14（臺北，2006.12），頁51-88。

高彥頤，〈「空間」與「家」——論明末清初婦女的生活空間〉，《近代
　　中國婦女史研究》，3（臺北，1995.8），頁21-50。

張學謙，〈從朱震亨到丹溪學派——元明儒醫和醫學學派的社會史
　　考察〉，《中央研究院歷史語言研究所集刊》，86：4（臺北，
　　2015.12），頁777-809。

梁元生，〈慈惠與市政：清末上海的「堂」〉，《史林》，2000：2（上
　　海，2000.6），頁74-81。

梁其姿，〈明清預防天花措施的演變〉，收入楊聯陞、全漢昇、劉廣京主
　　編，《國史釋論：陶希聖先生九秩榮慶祝壽論文集》，臺北：食貨出
　　版社，1987，頁239-253。

梁其姿著，蔣竹山譯，〈前近代中國的女性醫療從業者〉，收入李貞德、

梁其姿主編，《婦女與社會》，《臺灣學者中國史研究論叢》，北京：中國大百科全書出版社，2005，頁355-374。

梁其姿，〈明清社會中的醫學發展〉，收入生命醫療史研究室主編，《中國史新論·醫療史分冊》，臺北：中央研究院、聯經出版事業公司，2015，頁307-335。

許倬雲，〈從周禮中推測遠古的婦女工作〉，《大陸雜誌》，8：7（臺北，1954.4），頁202-205。後收入鮑家麟編著，《中國婦女史論集》，臺北：稻鄉出版社，1999版，頁51-62。

許慧琦，〈訓政時期的北平女招待（1928-1937）——關於都市消費與女性職業的探討〉，《中央研究院近代史研究所集刊》，48（臺北，2005.6），頁47-96。

連玲玲，〈「追求獨立」或「崇尚摩登」？近代上海女店職員的出現及其形象塑造〉，《近代中國婦女史研究》，14（臺北，2006.12），頁1-50。

陳方中，〈法國天主教傳教士在華傳教活動與影響〉，臺北：國立臺灣師範大學歷史學系博士論文，1999。

陳慈玉，〈二十世紀初期的女工〉，《歷史月刊》，2（臺北，1988.3），頁112-117。

曾我部靜雄著，鄭清茂譯，〈溺女考〉，《文星》，10：1（臺北，1962.5），頁52-57。

馮爾康，〈清代的婚姻制度與婦女的社會地位論述〉，收入中國人民大學清史研究所編，《清史研究集（第五輯）》，北京：光明日報出版社，1986，頁305-343。

黃郁惠，〈清季江蘇育嬰堂慈善事業，1860－1900〉，桃園：中央大學歷史研究所碩士論文，2009。

雷妮、王日根，〈清代寶慶府社會救濟機構設中的官民合作——以育嬰堂和養濟院為中心〉，《清史研究》，2004：3（北京，2004.8），頁53-58。

熊秉真，〈從唐甄看個人經驗對經世思想衍生之影響〉，《中央研究院近代史研究所集刊》，14（臺北，1985），頁1-28。

熊秉真，〈傳統中國的乳哺之道〉，《中央研究院近代史研究所集刊》，21（臺北，1992.6），頁123-146。

趙建群，〈試述清代拯救女嬰的社會措施〉，《中國社會經濟史研究》，1995：4（廈門，1995），頁44-50。

趙淑萍，〈民國初年的女學生（1912-1928）〉，臺北：國立臺灣師範大學歷史研究所碩士論文，1996。

蔡淑芳，〈明末清初江南的放生活動〉，臺北：國立臺灣師範大學歷史研究所碩士論文，2004。

鄭愛敏，〈性別視野中明清社會經濟史內容的增補：以農業史、紡織業史、商業史、消費史為例〉，《中國文化研究所學報》，52（香港，2011.1），頁95-127。

羅溥洛（Paul Ropp），梁其姿譯，〈明清婦女研究：評介最近有關之英文著作〉，《新史學》，2：4（臺北，1991.12），頁77-116。

達倫‧席賓格（Londa Schiebinger）著，余曉嵐譯，陳恆安校定，〈「獸」何以稱為「哺乳」動物〉，收入吳嘉苓、傅大為、雷祥麟主編，《科技渴望性別》，臺北：群學出版公司，2004，頁63-75。

蕭琪，〈評熊秉真，《幼醫與幼蒙——近世中國社會的綿延之道》〉，《新史學》，30：3（臺北，2019.9），頁194-195。

（三）外文論著

Bray, Francesca. *Technology and Gender: Fabrics of Power in Late Imperial China.* Berkeley: University of California Press, 1997.

Brokaw, Cynthia J. *The Ledgers of Merit and Demerit: Social Change and Moral Order in Late Imperial China.* Princeton: University of Princeton, 1991.

Cass, Victory. "Female Healers in the Ming and Lodge of Ritual and Ceremony,"

Journal of American Oriental Society, 106:1 (Ann Arbor, 1986.3), pp. 233-245.

Chi, Angelina Y. "Labor Stratification and Gendered Subjectivities in the Service Industries of South China in the 1920s and 1930s: The Case of Nu Zhaodai (女招待)," 《近代中國婦女史研究》，14（臺北，2006.12），頁125-178。

Furth, Charlotte. *A Flourishing Yin: Gender in China's Medical History, 960-1665.* Berkeley & Los Angles: University of California Press,1999.

George D Sussman, *Selling Mother's Milk: The Wet-nursing Business in France, 1715-1914.* Urbana: University of Illinois Press, 1982.

Ko, Dorothy. *Teachers of the Inner Chambers: Women and Culture in Seventeenth-Century China.* Stanford: Stanford University Press,1994.

Leung, Angela Ki Che. "Relief Institutions for Children in Nineteenth-century China." In *Chinese Views of Childhood*, edited by A.B. Kinney, pp. 251-278. Honolulu: University of Hawaii Press, 1995.

Leung, Angela Ki Che. "Women practicing medicine in pre-modern China," in *Chinese Women in the Imperial Past: New Perspectives*, ed. H. Zurndorfer, Leiden: Brill Academic Publishers, 1999, pp. 101-134.

Smith, Joanna Handlin. "Benevolent Societies: The Reshaping of Charity During the Late Ming and Early Ch'ing," *The Journal of Asian Studies*, 46:2 (1987), pp. 309-337.

Smith, Joanna Handlin. "Gardens in Ch'i Piao-chia's Social World: Wealth and Values in Late-Ming Kiangnan," *The Journal of Asian Studies*, 51:1 (1992), pp. 55-81.

Smith, Joanna Handlin. "Liberating Animals in Ming-Qing China: Buddhist Inspiration and Elite Imagination," *The Journal of Asian Studies*, 58:1 (1999), pp. 51-84.

Smith, Joanna Handlin. *The Art of Doing Good: Charity in Late Ming China.* Berkeley & Los Angles: University of California, 2009.

Stone, Julia Chinese *Basket Babies: A German Missionary Foundling Home and the Girls It Raised (1850s–1914).* Wiesbaden: Harrassowitz, 2013.

Valerie A Fildes, *Wet Nursing: A History from Antiquity to the Present.* Oxford; New York: Basil Blackwell, 1988.

史地傳記類　PC1035　國立臺灣師範大學歷史研究所專刊44

救嬰與濟貧
──乳婦與明清時代的育嬰堂

作　　者 / 江昱緯
責 任 編 輯 / 鄭伊庭
圖 文 排 版 / 蔡忠翰
封 面 設 計 / 蔡瑋筠

發 行 人 / 宋政坤
法 律 顧 問 / 毛國樑　律師
出　　版 / 國立臺灣師範大學歷史學系、秀威資訊科技股份有限公司
印 製 發 行 / 秀威資訊科技股份有限公司
　　　　　114台北市內湖區瑞光路76巷65號1樓
　　　　　電話：+886-2-2796-3638　傳真：+886-2-2796-1377
　　　　　http://www.showwe.com.tw
劃 撥 帳 號 / 19563868　戶名：秀威資訊科技股份有限公司
　　　　　讀者服務信箱：service@showwe.com.tw
展 售 門 市 / 國家書店（松江門市）
　　　　　104台北市中山區松江路209號1樓
　　　　　電話：+886-2-2518-0207　傳真：+886-2-2518-0778
網 路 訂 購 / 秀威網路書店：http://www.bodbooks.com.tw
　　　　　國家網路書店：http://www.govbooks.com.tw

2021年12月　BOD一版
定價：280元
版權所有　翻印必究
本書如有缺頁、破損或裝訂錯誤，請寄回更換

國家圖書館出版品預行編目

救嬰與濟貧：乳婦與明清時代的育嬰堂 / 江昱緯著. -- 一
版. -- 臺北市：秀威資訊科技股份有限公司, 2021.12
　　面；　公分. -- (史地傳記類)
BOD版
ISBN 978-626-7088-06-7(平裝)

1.明清史 2.社會福利 3.托嬰中心

626　　　　　　　　　　　　　　　　110019873